文章鑑賞與教學策略

林淑雲・汪文祺　著

文史哲出版社印行

國家圖書館出版品預行編目資料

文章鑑賞與教學策略 / 林淑雲，汪文祺著.
-- 初版 -- 臺北市：文史哲，
民 108.06 頁：　公分
ISBN 978-986-314-477-9（平裝）

1.國文科 2.教學研究 3.中等教育

524.311　　　　　　　　　　108010708

文章鑑賞與教學策略

著　　者：林　淑　雲 · 汪　文　祺
出 版 者：文　史　哲　出　版　社
http://www.lapen.com.tw
e-mail：lapen@ms74.hinet.net
登記證字號：行政院新聞局版臺業字五三三七號
發 行 人：彭　　　　正　　　　雄
發 行 所：文　史　哲　出　版　社
印 刷 者：文　史　哲　出　版　社
臺北市羅斯福路一段七十二巷四號
郵政劃撥帳號：一六一八〇一七五
電話886-2-23511028 · 傳真886-2-23965656

定價新臺幣二六〇元

2019 年（民一〇八）六月初版

序　言

　　經典的文學作品展示著當代思想和作者觀點，更具橫跨時空的穿透力，也就是這種能歷經時空淘洗而歷久彌新的恆久性，使古典文學在現代文化中得以釋放更豐盈的意義。筆者於教學之際，嘗試以古典文學作品為主，探究創作背景，鑑賞文本故事，再作延伸的閱讀與探討，以期讓學生面對古典文學作品時，能以更多元的角度來欣賞古典，續接傳統。職是之故，唐傳奇〈霍小玉傳〉不僅止於文本獨奏的知性激盪，於跨界之旅中，益見其世情物態所折射的人生課題；四大民間傳說之白蛇、梁祝故事，於漫步文本之際，關注其不同文類的延伸閱讀，聆賞其表演藝術的多元展現，適足以於眾聲喧嘩中映現人間實相，探觸閱讀經典的多重可能。藉由《筆說·賣油翁》及《歸田錄·賣油翁》，以及陸龜蒙〈杞菊賦〉與蘇軾〈後杞菊賦〉的文本對讀，理解文學文本的互涉，詮解其繼承與轉化所傳遞的訊息與意涵。再進一步以雲門舞集《白蛇傳》，電影《那山那人那狗》的剖析說解，掌握異質文本的相互作用，解讀影像符碼的意義詮釋。要而言之，面對作品，或做整體的教學設計，或作細膩的比較閱讀，前者重在全面關照，後者重在歸納深究，要皆可培養思考、判斷、統整、美感

經驗等能力,是提升鑑賞能力、增進文學品味的有效途徑。

　　此外,筆者擔任「國文教材教法」課程多年。觀察學生試教,雖一再強調解說課程教材時,宜涵泳文意,深入剖析,輔以圖示,層次井然,然演示時卻多流於處理字句修辭,簡要說明主旨及結構,略作情意教學後即草草收束。是以本書也收錄有關國中國文教學的一些心得想法:針對「作者」、「題解」教學提供教學實施方向與策略,以孟浩然〈過故人莊〉、陳之藩〈謝天〉為例說明如何進行課文教學,並專文示例概念構圖在國文教學上的運用,雖嘗鼎一臠,或可供參考。

　　綜上所述,本書集結近年已發表文章,略加修補。筆者因應教學所需,廣搜資料,參閱前賢今人之研究成果,益以己身深思所得,設計課程內容,統整教學架構。教學期間,累積經驗,課程屢經修訂,規模乃成。興會所至,遂將教學時之點滴心得,化為文字,而經由寫作之反芻,又令教學更為得心應手,由此益發感受理論和實務相輔相成之功。同時以為此或能提供教師和學子些許參考價值,是以不揣淺陋,將文章和部分教學簡報彙集成冊,以供教學及學習之門徑。

　　本書為教學研究之用,若有論述不周、校訂失誤等疏漏之處,尚祈　賜教指正。

汪文祺 謹誌於國立臺灣師範大學
林淑雲 國文學系二〇一九年六月

文章鑑賞與教學策略

目　次

序　言………………………………………………………… 1

古典情懷・現代觀照——談〈霍小玉傳〉的教學策略…… 7

　壹、前　言………………………………………………… 7

　貳、教學活動……………………………………………… 8

　　一、閱讀導航…………………………………………… 8

　　二、文本獨奏…………………………………………… 9

　　三、跨界之旅……………………………………………18

　參、結　語…………………………………………………22

續接古典・繁殖文學——談《警世通言・白娘子
永鎮雷峰塔》的教學策略…………………………………35

　壹、前　言…………………………………………………35

　貳、教學活動………………………………………………35

　　一、白蛇故事的溯源……………………………………35

　　二、〈白娘子永鎮雷峰塔〉賞析………………………36

　　　　三、不同文類的延伸閱讀 ················· 38

　　　　四、表演藝術的多元欣賞 ················· 41

　　參、結　語 ····························· 43

愛情啓示錄——「梁祝故事」的教學策略 ·········· 51

　　壹、前　言 ····························· 51

　　貳、教學策略 ··························· 52

　　　　一、故事的完成 ····················· 52

　　　　二、漫步於文本 ····················· 55

　　　　三、移植於影像 ····················· 59

　　　　四、對照於他者 ····················· 65

　　參、結　語 ····························· 67

淺談比較閱讀法——以《筆說·賣油翁》與

《歸田錄·賣油翁》為例 ·················· 77

　　壹、前　言 ····························· 77

　　貳、兩文對照 ··························· 78

　　參、比較分析 ··························· 79

　　　　一、人物的刻畫 ····················· 79

　　　　二、情節的關合 ····················· 80

　　　　三、主題的呈現 ····················· 81

　　　　四、語言的運用 ····················· 82

　　肆、結　語 ····························· 83

繼承與創新——從互文性視角看陸龜蒙〈杞菊賦〉與

蘇軾〈後杞菊賦〉的關係 ················· 91

　　壹、前　言 ····························· 91

貳、文本之探究與比較 …………………………… 92

　一、背景知識的掌握 ……………………………… 92

　二、文本內容的爬梳 ……………………………… 94

參、結　語 …………………………………………… 100

舞動白蛇──雲門舞集《白蛇傳》賞析 ……… 103

壹、前　言 …………………………………………… 103

貳、取材角度 ………………………………………… 104

參、角色形塑 ………………………………………… 106

肆、佈景道具 ………………………………………… 108

伍、背景配樂 ………………………………………… 109

陸、結　語 …………………………………………… 110

路長情更長──淺談電影《那山那人那狗》 …… 113

壹、前　言 …………………………………………… 113

貳、人倫親情的流動 ………………………………… 114

　一、山的隱喻 ……………………………………… 114

　二、父子情深 ……………………………………… 115

參、敬業樂群的態度 ………………………………… 116

肆、風土鄉情的繫念 ………………………………… 118

伍、文學與影像的交會──《那山那人那狗》與

　《我的父親母親》之比較 ………………………… 119

陸、結　語 …………………………………………… 123

範文「作者」的教學策略 ……………………… 125

壹、前　言 …………………………………………… 125

貳、教學策略 ………………………………………… 126

　　　　一、掌握內涵，生動講述‧‧‧‧‧‧‧‧‧‧‧‧‧‧‧‧‧‧ 126

　　　　二、善用圖表，畫龍點睛‧‧‧‧‧‧‧‧‧‧‧‧‧‧‧‧‧‧ 128

　　　　三、設計活動，活化教學‧‧‧‧‧‧‧‧‧‧‧‧‧‧‧‧‧‧ 135

　　　　四、巧用媒體，加深印象‧‧‧‧‧‧‧‧‧‧‧‧‧‧‧‧‧‧ 136

　　參、結　語‧‧‧‧‧‧‧‧‧‧‧‧‧‧‧‧‧‧‧‧‧‧‧‧‧‧‧‧‧‧‧‧‧‧‧‧ 137

範文「題解」的教學策略‧‧‧‧‧‧‧‧‧‧‧‧‧‧‧‧‧‧‧‧‧‧‧‧ 139

　　壹、前　言‧‧‧‧‧‧‧‧‧‧‧‧‧‧‧‧‧‧‧‧‧‧‧‧‧‧‧‧‧‧‧‧‧‧‧‧ 139

　　貳、題文之重要性‧‧‧‧‧‧‧‧‧‧‧‧‧‧‧‧‧‧‧‧‧‧‧‧‧‧‧‧ 140

　　參、「題解」教學的步驟‧‧‧‧‧‧‧‧‧‧‧‧‧‧‧‧‧‧‧‧‧‧ 142

　　肆、結　語‧‧‧‧‧‧‧‧‧‧‧‧‧‧‧‧‧‧‧‧‧‧‧‧‧‧‧‧‧‧‧‧‧‧‧‧ 147

國中經典範文教學──孟浩然〈過故人莊〉探析‧‧‧‧‧‧ 149

國中經典範文研讀──陳之藩〈謝天〉賞析‧‧‧‧‧‧‧‧‧ 157

概念構圖在國文教學上的運用‧‧‧‧‧‧‧‧‧‧‧‧‧‧‧‧‧‧‧‧ 167

　　壹、前　言‧‧‧‧‧‧‧‧‧‧‧‧‧‧‧‧‧‧‧‧‧‧‧‧‧‧‧‧‧‧‧‧‧‧‧‧ 167

　　貳、概念構圖教學示例‧‧‧‧‧‧‧‧‧‧‧‧‧‧‧‧‧‧‧‧‧‧‧‧ 168

　　　　一、詞語解說‧‧‧‧‧‧‧‧‧‧‧‧‧‧‧‧‧‧‧‧‧‧‧‧‧‧‧‧ 168

　　　　二、分段讀講‧‧‧‧‧‧‧‧‧‧‧‧‧‧‧‧‧‧‧‧‧‧‧‧‧‧‧‧ 169

　　　　三、深究鑑賞‧‧‧‧‧‧‧‧‧‧‧‧‧‧‧‧‧‧‧‧‧‧‧‧‧‧‧‧ 171

　　參、結　語‧‧‧‧‧‧‧‧‧‧‧‧‧‧‧‧‧‧‧‧‧‧‧‧‧‧‧‧‧‧‧‧‧‧‧‧ 172

古典情懷‧現代觀照

——談〈霍小玉傳〉的教學策略

汪文祺　林淑雲

壹、前　言

　　宋人洪邁云：「唐人小說不可不熟，小小情事，淒婉欲絕，洵有神遇而不自知者，與詩律可稱一代之奇。」（《容齋隨筆》）可見唐傳奇在文學發展史上的地位，及其傾向於「淒婉欲絕」、「小小情事」的題材選擇，也正說明唐傳奇最具代表性的是愛情小說。

　　傳統社會強調禮教，往往使得愛情與現實產生對立衝突，在唐人小說中，〈霍小玉傳〉就是這類的典型作品。故事內容描寫中唐大曆年間，新科進士李益在長安與淪落風塵的霍小玉相戀，後來李益以書判拔萃，授鄭縣主簿，臨行向小玉發誓偕老，歸家後變心易志，另娶名門盧氏。小玉相思成疾，沈綿不起，俠士黃衫客挾迫李益重入小玉家。小玉痛責李益，發下毒咒，悲慟而逝。其冤魂化作厲鬼，使李益夫妻不寧，終成猜忌善妒者。

　　文學作品以文字為表現符號，展示著時代思想和作者觀點，而經典的文學作品更具有橫跨時空的魅力，也就是這種魅力，使古典文學在現代文化中得以釋放更豐盈的意義。筆者於大一國文課程中，嘗試以〈霍小玉傳〉為主，經由故事情境，探究唐代社會樣態，觀察故事與世情間的關連，考慮時代的宰制力量，思索作者可能的寫作意圖等等，進一步再作延伸性的閱讀與探討，讓學生面對古典文學作品時，能以更多元的角度來欣賞古典，續接傳統。

貳、教學活動

一、閱讀導航

　　創設情境，誘發興趣，在教學活動中是非常重要的，而在這個時代，學生碰觸影像的機會多於文字，「與其擔憂影像吞噬文字的想像與深度，何不透過影像再現文字的能量」（范宜如〈空間・影像・文本：語文教學的創意思維與情境美學〉），將影像作為一種觸媒，引領學生從觀看電影出發，解析影像符碼，再進入文字語言的閱讀。

　　歌舞片「紅磨坊」，故事非常簡單，描述一個到巴黎蒙哥特區的年輕作家，因緣際會地愛上了紅磨坊最紅的歌舞女郎，而意欲拆散他們的公爵從中作梗，逼使女郎謊稱只愛錢財不愛才子，真相大白後，最終以悲傷的死別作結。（參

見聞天祥「紅磨坊」影評）影片中令人驚豔的美術設計，眩目的歌舞，童話般的純真畫面，易引發學生興趣，可先播放關鍵片段：

片段一：當被誤認為公爵的窮作家，對著舞孃唱出「給你的歌」（Your Song），女主角震撼其真摯的愛，終於卸下矯情的面具，接受男主角的愛情。

片段二：女主角因罹患肺結核，在演出後台突然昏倒，未赴男主角之約。男主角以為她接受公爵之約，前往閣樓興師問罪；女主角清醒後得知公爵將殺男主角滅口，為了情人的安危，遂告訴男主角兩人並不適合。

片段三：當女主角抱病演出時，男主角潛入紅磨坊劇院，穿上演員服裝接替演出。之前公爵堅持修改結局，讓歌妓嫁給大公，男主角出場，扭轉劇情，並在場上與女主角合唱他寫的情歌，印證了兩人的深情真意，女主角卻在演出落幕後倒在男主角的懷裏。

再由教師補述部分情節，一個符合古典愛情悲劇公式的故事呈現在學生眼前，藉由影像所構築的文學性（如隱喻、主題、哲思等）導入唐人小說〈霍小玉傳〉。

二、文本獨奏

（一）考察作者

〈霍小玉傳〉載於《太平廣記》卷四百八十七雜傳記類，下題蔣防撰。有關〈霍小玉傳〉作者的考述，以王夢鷗〈霍小玉傳之作者及故事背景〉與傅錫王〈試探蔣防霍

小玉傳的創作動機〉二文最詳。蔣防的生平，兩唐書並無記載，僅其貶謫事見於《舊唐書》。從相關文獻中，大致能得知蔣防生於唐代宗大曆中，少年聰穎，文思敏捷。唐憲宗元和中，李紳愛其才，薦於朝。穆宗長慶年間，紳為李逢吉所斥，蔣防被貶。長慶末謫守汀州，旋改連州。文宗太和二年改袁州。後數年卒於官，年約五十餘（約七八二年左右至八三五年）。

　　文本的創作往往來自作者及其時代環境的多重顯映，教師講述時須作些歷史的考察，如蔣防所處的年代，正是故事發生的時間；而小說中的男主角李益，兩唐書皆有傳，表示確有其人等。提點學生在閱讀過程中，關注作者的生平經歷，貼近其所處時代，才能對文本所傳達的信息進行整合，理解作品的深層意義。

（二）內容敘說

　　傳奇小說文辭較難，可事先發下文本，要求學生預習，課堂上先由學生講說情節概要，教師再作補充說明。精采段落則可仔細講述，讓學生得以窺見唐傳奇文辭之華美，具體感受書寫節奏之魅力，如霍小玉臨死前和背信棄義的李益相會的場面：

> 與生相見，含怒凝視，不復有言。羸質嬌姿，如不勝致，時復掩袂，返顧李生。感物傷人，坐皆欷歔。頃之，有酒肴數十盤，自外而來，一坐驚視，遽問其故，悉是豪士之所致也。因遂陳設，相就而坐。玉乃側身轉面，斜視生良久，遂舉杯酒，酬地曰：「我

為女子，薄命如斯，君是丈夫，負心若此。韶顏稚齒，飲恨而終。慈母在堂，不能供養。綺羅弦管，從此永休。徵痛黃泉，皆君所致。李君、李君，今當永訣！我死之後，必為厲鬼，使君妻妾，終日不安！」乃引左手握生臂，擲杯於地，長慟號哭數聲而絕。

此段情境的營造，誠如黑格爾《美學》所論：「理想的情境即導致矛盾衝突的情境；理想的衝突是心靈本身的矛盾和分裂所造成的衝突，通過情境和衝突而揭露的性格巨大波動，才是藝術的表現。」作者通過生動的衝突描寫，把故事引向了高潮，精細而又洗練。

欲引導學生深入解讀作品，須建立清楚的概念基模與知識系統，並示以金針。教師可透過問題設計，讓學生瞭解小說的要素、特徵，以及分析小說時可切入的面向，再經由不同層次的意見交換，深入解讀文本所要表達的義涵。

（三）問題討論

1、情節結構的旋律

傳奇小說脫胎於史傳文學，側重描寫人物的命運，而人物與情節實有著互為發展的關係。小說教學應重視分析故事情節，通過情節的分析，體會小說別出心裁的結構藝術。〈霍小玉傳〉的主要情節，概分為初識、盟誓、睽離、賣釵、奇遇、死訣、冥會、鬼祟、疑妒九段（許建崑〈〈霍小玉傳〉深層心理結構探析〉），教師可說明一般小說情節的構成（開端、發展、高潮、結局），學生分組討論後，報

告劃分結果，並說明理由何在。接著教師運用圖表的形式
統整顯示小說的情節：

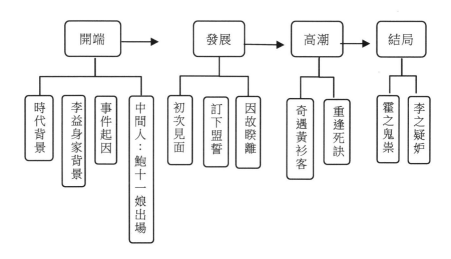

　　如此一來，化繁為簡，以簡馭繁，使學生更熟悉故事
內容，瞭解小說結構特點與情節安置的巧妙。尤其要重視
情節的跌宕處，或由逆而順，或由順而逆，或由樂轉悲，
或由悲轉樂，或出人意料的情節，往往有作者別具的匠心
與深意。另外，小說教學也不能忽略鮮活的細節，那是能
夠表現人物內心或者作者寫作意圖的細微處，如人物出場
順序（先淨持後小玉）、身分交代（「隴西」李生、「明經」
崔允明）等等。若能以有意味的細節來組織教學，更能通
過品析語言，深入小說世界。

　　自傳奇至話本、擬話本之較完整的娼妓類型小說，其

情節之發展次序可分析為：男方出身、女方出身及何以淪落風塵、贖身脫籍、離合結果、補述五大部分。（張輝誠〈娼妓真情情歸何處──從〈李娃傳〉到〈賣油郎獨占花魁〉等古典短篇小說娼妓類型的寫作策略〉）而就〈霍小玉傳〉來看，因唐傳奇不甚重視女主角贖身脫籍細節，其情節結構可調整為：

男方出身	女方出身及何以淪落風塵	男女相戀	離合結果	補　述
隴西李姓進士	霍王女家事破散、失身於人	極其歡愛訂下盟誓	男負心另娶女含恨而卒	男心生疑妒三娶皆遭之

此情節結構之討論，亦可運用於其他娼妓類型小說，或可掌握敘事文學中的某些寫作模式，進而加以整合比較分析。

2、刻繪人物的魔法

與傳錄異事、粗陳梗概的六朝小說相比，唐傳奇作者「有意為小說」（魯迅《中國小說史略》），這種創作上的主觀意識部分體現在人物性格的刻畫和典型形象的塑造上。〈霍小玉傳〉並沒有因為故事情節的曲折，而忽略了人物形象的刻繪。課堂中可讓學生討論作者所塑造的人物形象，及其刻畫人物的手法，藉以學習分析小說人物的方法、鑑賞作者描寫人物的技巧，進而運用於創作。

蔣防在〈霍小玉傳〉中塑造人物，運用描寫人物常用的肖像、言語、行事、心理等正寫、側寫技巧以突出人物

性格,如李益登門造訪時,作者分別以對話和行為:「玉乃低鬟微笑,細語曰:『見面不如聞名。才子豈能無貌?』生遂連起拜曰:『小娘子愛才,鄙夫重色。兩好相映,才貌相兼。』母女相顧而笑,遂舉酒數巡。生起,請玉唱歌。初不肯,母固強之。發聲清亮,曲度精奇。」生動表現小玉嬌矜的神態。鮑十一娘本為薛駙馬家青衣,折券從良充當媒婆,作者藉由她向李益推介小玉時所說的話:「蘇姑子作好夢也未?有一仙人,謫在下界,不邀財貨,但慕風流。如此色目,共十郎相當矣。」充分呈顯她「性便辟,巧言語」的個性。由李益動輒發誓,看出他輕浮的形象,再透過一些動作、狀態的描寫,如「於從兄京兆參軍尚公處假青驪駒、黃金勒。其夕,生浣衣沐浴,修飾容儀,喜躍交併,通夕不寐。遲明,巾幘,引鏡自照,惟懼不諧也。」將李益虛榮的心理表露無遺。蔣防靈活運用各種描寫人物的技巧,使故事主角形象飽滿而鮮活。再者,小說教學對角色心理的分析,可進入複雜人性的深層思考,「李益與小玉之間是真愛嗎?在社會壓力下,李益有迴身的餘地嗎?小玉可議的惡靈作法,李益虐妻殺妾的可能心理……」(許建崑〈霍小玉傳深層心理結構探析〉)從心理學視角,透視人心,得到不同的現實啟發。

　　作者更善用對比映照的方式:主角本身前後行為的對照(李益:輕許諾言→負心忘義),男主角與女主角的對照(負與癡),還有一連串的陪襯人物,或為小玉身世的見證人(老玉工),或為李、霍二人愛情的見證者(崔允明),

或與二人並無關係（延光公主、長安知此事者），或為李之親友（崔允明、韋夏卿），儘管身分不同、地位各異，皆同情小玉，譴責李益，這些次要角色，有力地襯托了男主角薄情寡義的形象。

　　黑格爾認為：文學作品中成功的人物形象應該「每個人都是一個整體，本身就是一個世界，每個人都是一個完滿的有生氣的人，而不是某種孤立的性格特徵的寓言式的抽象品」（《美學》）。蔣防筆下的霍小玉就是成功的小說人物典型，「人物的言談舉止、思想脈絡，無不順應著生活的邏輯，體現著客觀現實本身的豐富性和複雜性」（鄭新安〈論霍小玉形象的塑造〉），霍小玉不僅僅是霍小玉，更是處於下層社會風塵女子悲慘命運的真實縮影。當霍小玉的形象顯得情真意切，敢愛敢恨，相形之下男主角李益成了薄倖無能、逃避現實的人。唐代科舉以主考詩賦的進士為貴，而「自高宗武后以降，由文詞科舉進身之新興階級，大抵放蕩而不拘守禮法」（陳寅恪《元白詩箋證稿‧琵琶引》），諸多士子及第後遂造訪平康里（唐代長安妓女坊），宿於里中並留詩文相贈，恩情歡愛只是一時。故事中李益的行徑不正是某些唐代文人樣貌的寫照。小說中的典型人物，鑲嵌著社會品性，挾帶著文化成分，形成普遍化的效果，因此，教學時，也應引導學生留意其形塑的群體特徵和社會意義。

3、愛情悲劇的宿命

　　討論造成李、霍二人愛情悲劇的原因，也就是進行小

說教學中不能忽視的對環境背景描寫的分析。傳統小說常常在作品中標明故事發生的時間，提供我們確切掌握人物活動、情節發展的時空背景。〈霍小玉傳〉開篇即寫「大曆中」，給人以強烈的現實感，讀者可藉以考究中唐時代政治的、社會的、文化的、民俗的、地域的、流行的種種情況，及其對人物性格、心理和行事上產生的可能影響，對準確理解作品的思想內涵，有著極其重要的意義。

　　李、霍二人最終愛戀不得不黯然落幕，展示了悲劇人物與不可規避之力量的衝突。拉斐爾認為與悲劇主角發生衝突的不可規避力量，不一定指命運，亦可包括大自然或社會上執行道德、公民、宗教、法律的制度性機構（劉燕萍〈霍小玉傳中的悲劇元素〉）。將「士子與名妓婚戀」放諸唐代的歷史背景，可看見二人所面臨的困境：唐代高中後的士人往往藉與高門五姓女（隴西趙郡李氏、博陵清河崔氏、范陽盧氏、太原王氏、滎陽鄭氏）通婚來鞏固己身的地位；此外，唐朝法律又嚴定婚配的界限：「雜戶配隸諸司，不與良人同類，止可當色相娶，不合與良人為婚。違律為婚，杖一百。諸與奴娶良人女為妻者，徒一年半，女家減一等離之。其奴自娶者，亦如之。……即妄以奴婢為良人，而與良人為夫妻者，徒二年。各還正之。」（《唐律疏義》），而倡妓屬於賤民階級，與士族不得論及婚姻。因此，從外在現實來看，李、霍二人相愛，必須面對的是巨大衝突是：社會門第思想、時人婚戀觀念、良賤不婚制度，這些是兩人難以跨越的鴻溝，在此強大的現實勢力籠罩

下，愛情悲劇的宿命無可豁免，無從逃避。

　　雖然外在環境是導致悲劇的普遍原因，卻不是絕對、必然產生悲劇的條件，人物的性格也是導致悲劇的重要因素（劉燕萍《愛情與夢幻——唐朝傳奇中的悲劇意識》）。一般而言，人物若具堅執的性格，而與不可規避的力量發生衝突時，更易導致不可挽救的悲劇。霍小玉的癡心與堅執造成悲劇，而李益的薄情與逃避性格，未嘗不是導致悲劇的因素。當小說人物的稟性和命運形成反差，人性的揭示往往較為深刻；而人物的命運和讀者的希望形成反差，作品就更有吸引力，〈霍小玉傳〉正是如此。

　　面對愛情，每個人有不同的哲學。教師可透過〈霍小玉傳〉悲劇因素的討論與探究，與學生互動，連結其經驗，交換不同想法。另再舉唐傳奇〈鶯鶯傳〉中的女主角作為對照，兩位女主人翁面對感情挫折時，一是沈湎過去，鬱鬱以終，一是放眼現今，成熟以對，讓學生在比較中思索愛情在自己人生中所佔的比例，省思自己面對愛情的態度。

4、作者的祕密花園

　　〈霍小玉傳〉人物刻畫細膩，情節引人入勝，兼具現實的映照，足見作者的用心。歷來學者多認為蔣防透過小說，指陳唐代士子受到名韁利鎖箝制的醜態和矛盾，表達對嚴酷的門第觀念與婚姻制度的批判，但從文本字裡行間作者刻意留存的線索痕跡，創作這篇小說的動機，似乎並不單純（傅錫王〈試探蔣防霍小玉傳的創作動機〉）。經由討論，或有可能透視作者背後的「難言之隱」，觸讀文本的

奧旨。

　　整篇小說中，作者用筆墨刻畫最深的就是李益的形象——輕薄、負心、絕情；提到他的中表弟崔允明時，特別言其為「明經」出身；而從故事發展來看，寫到霍小玉之死，情節布局似已完整，作者卻利用小玉臨終前的忿恨之言作為伏筆，在結尾插入一段李益疑妒的情節，除於補述中「深化其教化意義」（張輝誠〈娼妓真情情歸何處——從〈李娃傳〉到〈賣油郎獨占花魁〉等古典短篇小說娼妓類型的寫作策略〉）外，這樣的書寫實堪玩味。

　　唐憲宗元和初年的「牛李黨爭」，延續了四十多年，據《舊唐書·李德裕傳》與《新唐書·牛僧孺傳》記載，可得知李益的政治立場傾向於牛黨，而蔣防的政治立場則與李紳一致，屬於李黨，兩人政治立場相衝突。傅錫王在〈試探蔣防霍小玉傳的創作動機〉提到，作者在人物的安排上，表現十分大膽，唐代確有李益而竟不諱、作者與李益同時而竟不諱，因此推論蔣防之所以敢直書李益的醜聞，又不隱蔽自己的姓名，必是有所仗恃而為。王夢鷗在《唐人小說研究》中，亦認為〈霍小玉傳〉「為挾怨攻訐者，庶幾可信也」，是篇含有政治意味的作品。蔣防在小說中毫不掩飾地刻寫李益的薄倖醜行，成了政爭影響唐人小說創作的例證之一。

三、跨界之旅

（一）白行簡〈李娃傳〉

　　〈李娃傳〉出自《太平廣記‧卷四八四》雜傳記類，下注出《異聞集》，淵源於民間藝人的說書故事。內容記敘世家子弟滎陽公子與青樓女子李娃歷經離合，終成眷屬的愛情故事。同一種身份的霍小玉與李娃，卻分別迎來了不同的悲喜人生，兩篇傳奇小說題材內容相近，思想意趣卻不相同，可兩相對照閱讀。茲將二文之比較表列如下：

	〈李娃傳〉	〈霍小玉傳〉
主題意識	批判門第觀念	
表現手法	情節曲折、對比強烈	悲喜轉折、對比強烈
情節鋪排	邂逅→相戀→計逐→哀輓→鞭棄→行乞→贖身→中第→團圓	初識→盟誓→睽離→賣釵→奇遇→死訣→冥會→鬼祟→疑妒
故事人物	男（鄭生）：單純、癡情、不忘恩 女（李娃）：世故、高潔、能補過 家長（鄭父）：固執、望子成龍 姥姥：貪財、勢利	男（李益）：浮誇、負心、懦弱 女（霍小玉）：溫婉、癡心、堅毅 家長（李母）：嚴毅、門第觀念重 黃衫客：豪俠
故事結局	喜劇	悲劇
後世影響	元‧石君寶〈李亞仙詩酒曲江池〉 元‧高文秀〈鄭元和風雪打瓦罐〉 明‧薛近兗〈繡襦記〉	明‧湯顯祖〈紫簫記〉、〈紫釵記〉

（二）湯顯祖〈紫釵記〉

　　同一主題的故事或人物在文化差異的不同世代，或加以渲染，或重新再造，使得原本的主題踵事增華，形成豐

富的文本對話狀態，教學時，可引領學生比較作品之間的
繼承、鎔鑄及創新。

　　明代戲曲家湯顯祖曾據霍小玉的故事寫成〈紫簫記〉，
後又改寫為〈紫釵記〉，共五十三齣，本傳開宗〈沁園春〉
即揭明主旨：

> 李子君虞，霍家小玉，才貌雙奇。湊元夕相逢，墜
> 釵留意；鮑娘媒妁，盟誓結佳期。為登科抗壯，參
> 軍遠去，三載幽閨怨別離。盧太尉設謀招贅，移鎮
> 孟門西。　還朝別館禁持，苦書信因循未得歸。致
> 玉人猜慮，訪尋貲費；賣釵盧府，消息李郎疑，故
> 友崔韋，賞花譏諷，纔覺風聞事兩非。黃衣客迴生
> 起死，釵玉永重暉。

　　內容敘述李益流寓長安，元宵夜拾得霍小玉遺落的紫
玉釵，就以玉釵託媒去說親。婚後，李赴洛陽應試，中狀
元，隨軍出征。立功返京後，盧太尉擬招他為婿。其時小
玉家境零落，不得已出售紫玉釵，正巧被盧太尉購得。盧
知曉紫釵的來歷，即以紫釵為憑，向李益假稱小玉已經改
嫁。一黃衫俠客知此事，命人以駿馬載李至小玉處，小玉
抱病出見，弄清真相，夫妻和好如初，以才子佳人小說中
大團圓結局的模式收場。通篇線索明晰，結構緊湊，繼承
唐傳奇針砭現實的批判精神，而與〈霍小玉傳〉最大的不
同在於改造了男主角的形象，由負心漢變為忠於愛情的正
面人物，突出了愛情主題，彰顯了湯顯祖以「情」為核心
的文學觀。

（三）洛夫〈愛的辯證〉

本詩先以《莊子‧盜跖篇》：「尾生與女子期於梁下，女子不來，水至不去，抱梁柱而死。」點引整篇的詩作。再以兩種不同的選擇：一是癡心等候、至死方休；一是通權達變、活命為要，作為詩作的渲染開展。在式一的敘述中，「水深及膝」、「淹腹」、「一寸寸漫至喉嚨」、「浮在河面上的兩隻眼睛」、「髮，在激流中盤纏如一窩水蛇」，敘寫傳統故事中，主角遇水，信守諾言的掙扎歷程，再帶出「我在灰燼中等你」的毀滅暗示，傳遞出對愛情的最終守貞承諾。在式二中，直述等待的過程。「漩渦正逐漸擴大為死者的臉」、「臨流的怯意」、「如一尾產卵後的魚」，逐步刻劃等待的失落與不滿。最終，再描寫對感情的務實態度，「篤定你是不會來了」、「我黯然拔下一根白色的羽毛，然後登岸而去」。整首詩感性與理性、浪漫與現實、癡狂與冷靜兩相對照，沒有定論、不加臧否、卻留下更多令人深思的空間。

配合本詩，以霍小玉對愛的堅執，引導學生思索自身的愛情態度：當感情已無法挽回時，會採激烈手段信守愛情承諾，還是改以理性務實的態度面對呢？經由討論分享，教師可適時灌輸學生正向的愛情觀。

（四）電影【惡女花魁】

教學時，不滯留在個別篇章的文本上，更能觸動學生的閱讀與思考面向，進一步再運用影像，不同於文字的符號體系，開啟學生不同的視窗。

電影【惡女花魁】以「金魚」開場，間接影射江戶時

代妓女的宿命。女主角清葉八歲時，被賣到酒家學做藝妓。
好強的個性讓長大後的清葉成了眾所矚目的焦點，後因迷
戀恩客反遭拋棄，使其對愛情失望，決心全力以赴「工作」，
成了藝妓街上的首席藝妓——花魁。在這時遇上一個願為
她付出一切的武士將軍——倉之助，卻害怕再次受傷，將
軍不惜鉅資，將別處的櫻花樹都移到了藝妓街前，讓這裡
下起了絢爛的櫻花雨，感動清葉。在眾人羨慕的眼光中，
媽媽桑幫她備齊了華麗嫁妝，準備成為將軍夫人。但，就
在出嫁的前一晚，她找到了她生命中的真命天子……似乎
是喜劇收場，卻因不同的暗示和隱喻，有著不同的結局解
讀。

　　本片道盡現實的殘酷與歡場女子對於愛情的無奈，可
與〈霍小玉傳〉相互參看，讓學生更能體會霍小玉做為倡
妓身不由己的邊緣弱勢。

參、結　語

　　明代胡應麟道：「唐人小說記閨閣事，綽有情致，此篇
〈霍小玉傳〉尤為唐人最精彩動人之傳記，故傳誦弗衰。」
（《少室山房筆叢》）。〈霍小玉傳〉不論是情節結構安排、
人物塑造或文字運用，技巧精湛，刻畫細膩。在課程中，
或是小說寫作技巧（情節、人物、背景）的細部分析，或
是探討作品所反映的社會現象，或是深究作者的創作動

機，或是多元視角的延伸欣賞，讓學生在閱讀與論析間，獲致觸接古典的樂趣。

　　文學作品的本身就是幫助我們超越時代、空間和個人閱歷藩籬的載體（許志榮〈事在性情生活間——中國文學多元整合教學模式舉隅〉），正可藉以省察我們所處的社會環境、世情物態及個人生命。古典文學作品的教學，突破時代隔膜是必須面對的問題，在教師匠心獨運的設計裡，引領學生清除語文障礙，使過去已然的歷史故事，與現在發展中的自我主體產生對話，顯現深意，激發同理，喚起共鳴，觀照眼前，獲致人生啟思。現今欣賞唐代愛情小說，豈可以不合時宜、事關風月等閒視之！（原載於《中國語文》625 期）

這些人‧那些事

——逃避／面對

從唐傳奇〈霍小玉傳〉談起

唐傳奇概說

❖ 名稱與淵源

◎「傳奇」名稱的由來與界定

＊晚唐裴鉶著有《傳奇》一書，頗盛行於趙宋之世，宋人通稱唐代小說為「傳奇」，一直約定俗成沿用迄今。

＊王國維《宋元戲曲考》：

傳奇約有四種意義，一為唐人以短篇文言小說為傳奇；二為宋人以諸宮調戲曲為傳奇；三為元人以北曲雜劇為傳奇；四為明人以長篇戲曲（南戲）為傳奇

◎志怪小說對唐傳奇的影響（題材）

◎史傳文學與唐傳奇的關係（寫人敘事）

❖ 唐傳奇的興盛原因？

◎政治經濟對傳奇創作的促進

◎古文運動與傳奇創作的關係

◎科舉制度對傳奇創作的作用

❖ 唐傳奇的發展

◎初唐、盛唐時期的傳奇：沿襲六朝志怪

◎中唐時期的傳奇：

虛幻人生、浪漫愛情、歷史故事

◎晚唐時期：俠情傳奇

❖「作意好奇」的唐傳奇

◎（明）胡應麟：

變異之談，盛於六朝，然多是傳錄舛訛，未必盡幻設語，至唐人乃作意好奇，假小說以寄筆端。

所謂「作意好奇，假小說以寄筆端」是指：

(A)小說家開始依賴小說創作維生

(B)小說家以偽造作品來滿足好奇心

(C)小說家書籍均正經異的社會風氣

(D)小說家開始有寫作創新的自覺甚寄託個人的思想情感

◎六朝志怪的寫作態度大多是紀實的。唐傳奇內容多為虛構，卻是以虛事寫實情；

魯迅說：

「小說亦如詩，至唐代而一變，雖尚不離於搜奇記逸，然敘述宛轉，文辭華艷，與六朝之粗陳梗概者較，演進之跡甚明，而尤顯者乃在是時始有意為小說。」

（初唐）〈補江總白猿傳〉　佚名

❖ 故事大要：

記述梁代式將歐陽紇攜妻征戰，妻子為白猿盜走，歐陽紇深入險境，殺死白猿，救出妻子。一年後歐陽紇之妻下一子。歐陽紇後為陳武帝所殺，其友江總保其子倖免於難。孩子長大後，學識淵博，書法造詣更深，知名於時。

本文創作動機？

後世學者認為本文寫作動機有三：

1.譏諷書法家歐陽詢的相貌醜陋

2.稱頌江總（南朝陳）對歐陽詢的收養撫育之恩

3.英雄誕生不凡的經歷

❖ 唐人劉餗《隋唐嘉話》記載：

太宗宴近臣，戲以嘲謔，長孫無忌嘲歐陽率（歐陽詢官至太子率更令）曰：「聳膊成山字，埋肩不出頭。誰家麟閣上，查此一獼猴。」

❖ 歐陽詢醜陋的程度，不僅唐人筆記載上述逸事，正史中也記載著許敬宗在皇后葬禮，見了歐陽詢竟忍不住大笑，以至因此而被降職。

「文德皇后崩，百官縗絰（ㄘㄨㄟ ㄉㄧㄝˊ），率更令歐陽詢狀貌醜異，眾指之，敬宗見而大笑，為御史所劾，左授洪州都督府司馬。」

※此小說創作動機，前人有不同看法：或謂此乃與歐陽詢有嫌隙者「託文字以相詬」；或謂此為唐代社會風氣開放中，文人間借文字相互嘲笑、揶揄之作。

（中唐）〈東城老父傳〉　陳鴻

❖故事大要：

敘述唐憲宗元和五年，潁川 陳鴻祖訪九十八歲賈昌。賈昌在七歲因為善於馴養鬥雞，得到了玄宗的寵信，升任五百小兒長。人稱「神雞童」，時諺「生兒不用識文字，鬥雞走馬勝讀書。」賈昌娶妻潘氏，潘氏又深得楊貴妃寵愛。於是夫妻受寵長達四十年。天寶十四載發生安史之亂，賈昌隱姓埋名，棲身佛寺。

★〈東城老父傳〉

＊中唐風俗誌　＊對時政褒貶參半的複雜心理

◎晚唐時期的傳奇：

晚唐時期，傳奇的神怪氣氛再度興盛，與現實生活逐漸疏遠，出現許多表現豪士俠客的作品，如薛調〈無雙傳〉、裴鉶〈崑崙奴傳〉、〈聶隱娘傳〉、袁郊〈紅線傳〉、杜光庭〈虯髯客傳〉，都是一時名作。

＊〈虯髯客傳〉寫唐代開國勳臣李靖為世所用之前的一段傳奇故事。唐史上確有李靖，為唐初著名將領，為唐王朝立過不少汗馬功勞。唐太宗十分器重他，封衛國公。但是隨著時間流轉，關於李靖的傳說加進了許多附會演義的成分。〈虯髯客傳〉中，李靖巧遇虯髯一事，實際上也是這類傳說之結晶。

＊金聖歎認為〈虯髯客傳〉是「武俠小說的鼻祖」。

❖唐傳奇在文學史上的地位與影響

◎為小說爭得地位，對後世文學影響深遠

＊汲取神話、史傳、六朝志怪的藝術經驗，使處於雛型狀態的小說，發展至較成熟的階段。

＊有意識地進行小說創作，擴大小說題材，提高創作藝術水平。

＊注意情節結構的完整性與曲折性，塑造出多種多樣的典型人物形象。

＊為後代小說、戲曲提供多樣的寫作材料。

〈霍小玉傳〉

❖作者考察

蔣防，生平兩唐書並無記載，僅其貶謫事見於《舊唐書》。從相關文獻中，大致得知蔣防生於唐代宗 大曆中，少聰穎，才思敏捷。唐憲宗 元和中，李紳愛其才，薦於朝。穆宗 長慶年間，紳為李逢吉所斥，蔣防被貶。長慶末謫守汀州，旋改連州。文宗太和二年改袁州。後數年卒於官，年約五十餘（約七八二年左右至八三五年）。

※中唐社會文化背景：

＊商業經濟的繁榮刺激了娛樂業的發展，較之以往，秦樓楚館、勾欄瓦肆的數量激增。

＊沿襲科舉取士制度，當時吏部考試（玄宗時改為禮部考試）的科目有秀才、明經、進士、明法、明算等，其中，進士一科最為世人所重。

＊唐代科舉制度取代了士族制度，但社會上的門閥觀念仍很濃厚。

＊中唐以後，國勢衰微，天子昏憒，政治上的傾軋之火愈加激烈。

※補充說明

＊唐朝初期的士族家族代表，五個姓氏，七個家族，分別為隴西 李氏、趙郡 李氏、清河 崔氏、博陵 崔氏，范陽 盧氏，榮陽 鄭氏和太原 王氏。此七個家族自晉朝開始就是主要士族家族，南北朝時期長期占據南北方王朝要職，至隋 唐成為朝廷中最重要的士族力量。

※唐代士人多置妾，或是蓄家妓

＊最早關於娼妓記載於春秋時代管仲建立的官妓制度，漢武帝時加以制度化。大致可分為宮妓、家妓、營妓、官妓、民妓五大類型。古代妓女須學習各種技藝，尤以琴棋書畫、歌舞詩詞為重。

＊唐孟棨《本事詩·事感》中記載：「白尚書（居易）姬人樊素善歌，妓人小蠻善舞，嘗為詩曰：

櫻桃樊素口，楊柳小蠻腰。

＊唐薛用弱《集異記》「旗亭畫壁」故事，說的就是王之渙、高適、王昌齡三人以妓女演唱各自作品多少來判斷三人作品流傳程度。

文本內容解說

大曆中，隴西李生名益，年二十，以進士擢第。其明年，拔萃（吏部雅試），俟試於天官（吏部）。生門族清華，少有才思，麗詞嘉句，時謂無雙；先達丈人，翕（Tˊ）然推伏。每自矜風調，思得佳偶。博求名妓，久而未諧。

時代背景
故事開端　主角背景
事件起因

＊故事中的男主角——李益，是唐朝宰相李揆的族子，擅長寫作詩歌，成名於貞元末年，與同族中有「詩鬼」之稱的李賀齊名。年輕時的他頗負文名，每寫成一篇詩作，宮中都會有樂工名伶爭相出價，希望買下他的作品，編排樂曲，讓皇帝欣賞。大曆十才子之一。

＊李益〈江南曲〉

嫁得瞿塘賈，朝朝誤妾期。

早知潮有信，嫁與弄潮兒。

★作品中的李益，歷史上實有其人，小說作者蔣防是在現實的基礎上進行藝術提煉與加工，不能將它看成生活的實錄。然而，作者何以指名道姓言同朝人之事？

＊中間人（鮑十一娘）出場：

長安有媒鮑十一娘者，故薛駙馬家青衣也，折券從良，十餘年矣。性便辟，巧言語，豪家戚里，無不經過，追風挾策，推為渠帥。常受生誠託厚賂，意頗德之。

· 青衣：婢女。

· 折券從良：毀棄賣身契約，嫁身嫁人。

· 便辟：善於巴結迎合他人。

· 追風挾策：原意為驅馬揮鞭，行動快速。

　　　　　　此指善於說風情做媒人，撮合婚事。

· 渠帥：原指盜賊首領，此指頭兒。

補充說明：

※一般人對媒人的印象總離不開伶牙俐齒、口沫橫飛的中年婦人。這都是被小說故事醜化了的。

在商、周以前，婚姻媒介乃是由神來見證的，也就是負責婚姻和傳延子嗣之事的神祇「高禖」。古人祭祀高禖，祈求婚姻良緣、子孫綿長。周代以後，「高禖」的任務開始由女性代理，因此轉而為「媒」字。據《周禮》記載，「媒氏」之官在每年仲春月份時會集中輕男女，主持其選擇伴侶的大會，「令男三十而娶，女二十而嫁。」「凡娶判妻入子者，皆書之。」如此可確保每一家皆有嫁娶，對人口管理也有相當影響，其責任之重大可見一斑。

※古代，凡男女婚姻，均須「父母之命，媒妁之言」。如果「不待父母之命，媒妁之言，鑽穴隙相窺（指男女幽會），逾牆相從（指男女私奔），則父母國人皆賤之（受到家長和族人的鄙視輕蔑）」（《孟子·滕文公下》）。媒人成為男女婚姻過程中不可少的中間人。

※《笑林廣記》

有愛貧者，或教之曰：「只求媒人足矣。」其人曰：「媒安能療貧乎？」答曰：「隨你窮人家，經了媒人口，就都發跡了。」

※媒人在徵婚告示寫一女子：

「麻子無頭髮黑臉大腳不大好看」

經數月，李氏閒居舍之南亭。申未間，忽聞扣門甚急，云是鮑十一娘至。攝衣從之，迎問曰：「鮑卿今日何故忽然而來？」鮑笑曰：「蘇姑子（當時對單身年輕男子的習慣稱呼）作好夢也未？有一仙人，謫在下界，不遊財貨，但慕風流。如此色目（人品；身分），共十郎相當矣。」生聞之驚躍，神飛體輕，引鮑手且拜且謝曰：「一生作奴，死亦不憚。」因問其名居。

——「故霍王小女，字小玉，王甚愛之。母曰淨持。淨持，即王之寵婢也。王之初薨，諸弟兄以其出自賤庶，不甚收錄。因分與貲財，遣居於外，易姓為鄭氏，人亦不知其王女。姿質穠艷，一生未見；高情逸態，事事過人；音樂詩書，無不通解。」

※故事發展

霍小玉和李益的初相見：
- 生即拜迎。但覺一室之中，若瓊林玉樹，互相照曜，轉盼精彩射人。既而遷坐母側。母謂曰：「汝嘗愛念『開簾風動竹，疑是故人來』，即此十郎詩也。爾終日吟想，何如一見。」玉乃低鬟微笑，細語曰：「見面不如聞名。才子豈能無貌？」生遂連起拜曰：「小娘子愛才，鄙夫重色。兩好相映，才貌相兼。」

李益和霍小玉訂下盟誓
- 玉至，言敘溫和，辭氣宛媚。解羅衣之際，態有餘妍，低幃昵枕，極其歡愛。生自以為巫山，洛浦不過也。中宵之夜，玉忽流涕觀生曰：「妾本倡家，自知非匹。今以色愛，託其仁賢。但慮一旦色衰，恩移情替，使女蘿無託，秋扇見捐。極歡之際，不覺悲至。」
  - 巫山：指楚王與巫山神女夢中相會的典故。
  - 洛浦：洛水之濱。傳說中有洛水女神，曹植渡洛水時，因感楚王與神女事，遂作〈洛神賦〉。後以巫山、洛浦二典合用，也指男女幽會。

生聞之，不勝感嘆。乃引臂替枕，徐謂玉曰：「平生志願，今日獲從。粉骨碎身，誓不相捨。夫人何發此言！請以素縑，著之盟約。」玉因收淚，命侍兒櫻桃褰幄執燭，授生筆研。

生素多才思，援筆成章，引諭山河，指誠日月，句句懇切，聞之動人。染畢，命藏於寶篋之內。自爾婉孌相得，若翡翠之在雲路也。如此二歲，日夜相從。

其後年春，生以書判拔萃登科，授鄭縣主簿。至四月，將之官，便拜慶於東洛。長安親戚，多就筵餞。時春物尚餘，夏景初麗，酒闌賓散，離思縈懷。玉謂生曰：「以君才地名聲，人多景慕，願結婚媾，固亦眾矣。況堂有嚴親，室無冢婦，君之此去，必就佳姻。盟約之言，徒虛語耳。然妾有短願，欲輒指陳，永委君心，復能聽否？」
- 冢婦：嫡長子的妻子

※你認為霍小玉的「短願」是什麼？

- 生驚怪曰：「有何罪過，忽發此辭？試說所言，必當敬奉。」玉曰：「妾始十八，君才二十有二，迨君壯室之秋，猶有八歲。一生歡愛，願畢此期。然後妙選高門，以諧秦晉，亦未為晚。妾便捨棄人事，剪髮披緇。夙昔之願，於此足矣。」

※若你是李益，會如何回應？

生且愧且感，不覺涕流。因謂玉曰：「皎日之誓，死生以之。與卿偕老，猶恐未愜素志，豈敢輒有二三。固請不疑，但端居相待。至八月，必當卻到華州，尋使奉迎，相見非遠。」

*李益任官，兩人分離
・到任旬月，求假往東都覲親。未至家日，太夫人已與商量表妹盧氏，言約已定。太夫人素嚴毅，生逡巡不敢辭讓，遂就禮謝，便有近期。

*霍小玉得旁人相助
曾令侍婢浣紗將紫玉釵一隻，詣景先家貨之。路逢內作老玉工，見浣紗所執，前來認之曰：「此釵，吾所作也。昔歲霍王小女，將欲上鬟，令我作此，酬我萬錢。我嘗不忘。汝是何人，從何而得？」浣紗曰：「我小娘子，即霍王女也。家事破散，失身於人。夫婿昨向東都，更無消息。悒怏成疾，今欲二年，令我賣此，路遺於人，使求音信。」玉工淒然下泣曰：「貴人男女，失機落節，一至於此？我殘年向盡，見此盛衰，不勝傷感。」遂引至延先公主宅，具言前事。公主亦為之悲嘆良久，給錢十二萬焉。

*李益親友態度
※有明經崔允明者，生之中表弟也。性甚長厚，昔歲常與生同歡於鄭氏之室，杯盤笑語，曾不相間。每得生信，必誠告於玉。
※韋夏卿者，生之密友，時亦同行。謂生曰：「風光甚麗，草木榮華，傷哉鄭卿，銜冤空室！足下終能棄置，實是忍人。丈夫之心，不宜如此。足下宜為思之！」

※故事轉折
*奇遇黃衫客
・有一豪士，衣輕黃紵衫，挾弓彈，豐神雋美，衣服輕華，唯有一剪頭胡雛從後，潛行而聽之。
・前揖生曰：「公非李十郎者乎？某族本山東，姻連外戚。雖乏文藻，心賞樂賢。仰公聲華，常思覿止。今日幸會，得睹清揚。某之敝居，去此不遠，亦有聲樂，足以娛情。妖姬八九人，駿馬十數匹，唯公所欲。但願一過。」
・因與豪士同馬，疾轉數坊，遂至勝業。生以近鄭之所止，意不欲過，便託事故，欲回馬首。豪士曰：「敝居咫尺，忍相棄乎？」乃挽挾其馬，牽引而行。

*重逢死訣
・玉乃側身轉面，斜視生良久，遂舉杯酒，酬地曰：「我為女子，薄命如斯，君是丈夫，負心若此。韶顏稚齒，飲恨而終。慈母在堂，不能供養。綺羅絃管，從此永休。微痛黃泉，皆君所致。李君、李君，今當永訣！我死之後，必為厲鬼，使君妻妾，終日不安！」乃引左手握生臂，擲杯於地，長慟號哭數聲而絕。

※故事結尾

＊小玉之鬼祟

- 後月餘，就禮於盧氏。
- 生方與盧氏寢，忽帳外叱叱作聲。生驚視之，則見一男子，年可二十餘，委狀溫美，藏身映幔，連召盧氏。生惶遽走起，繞幔數匝，倏然不見。生自此心懷疑惡。猜忌萬端，夫妻之間，無聊生矣。

- 生復自外歸，盧氏方鼓琴於床，忽自門拋一斑犀鈿花合子，方圓一寸餘，中有輕絹，作同心結，墜於盧氏懷中。生開而視之，見相思子二，叩頭蟲一，發殺觜一，驢駒媚少許。生當時憤怒叫吼，聲若豺虎，引琴撞擊其妻，詰令實告。盧氏亦終不自明。

＊《物類相感志》云：「凡驢駒初生，未墮地，口中有一物，如肉，名『媚』，婦人帶之能媚。」此同心結裡的相思子、叩頭蟲和發殺觜都是魅惑催情之物。

＊李益之疑妒

- 盧氏既出，生或侍婢媵妾之屬，暫同枕席，便加妒忌。或有因而殺之者。
- 生嘗遊廣陵，得名姬營十一娘者，容態潤媚，生甚悅之。每相對坐，嘗謂營曰：「我嘗於某處得某姬，犯某事，我以某法殺之。」日日陳說，欲令懼己，以肅清閨門。出則以浴斛覆營於床，週迴封置，歸必詳視。然後乃開。
- 大凡生所見婦人，輒加猜忌，至於三娶，率皆如初焉。

◎蔣防〈霍小玉傳〉

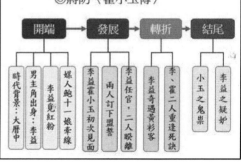

文本深究1

❖情節結構的旋律

＊主要情節曲折變化：
　初識、盟誓、睽離、貴敘、奇遇、死訣、冥會、鬼祟、疑妒
＊細節刻繪生動細緻：
　角色身分的交代、人物出場的順序
＊成就娼妓類型小說結構：
　男方出身、女方出身及何以淪落風塵、贖身脫籍、離合結果、補述五大部分

文本深究2

❖刻繪人物的魔法

＊正寫、側寫以突出人物性格
　→分析角色心理，進入複雜人性的深層思考
＊善用對比映照的手法
　→主角本身、主要角色與次要角色
＊塑造典型人物形象
　霍小玉是處於下層社會風塵女子的真實縮影
　李益的行徑不正是某些唐代文人樣貌的寫照

小說中的典型人物，往往鑲嵌著社會品性，挾帶著文化成分，形成普遍化的效果。

問題討論：

1. 造成李益和霍小玉愛情悲劇的原因？
2. 為什麼作者蔣防與故事主角李益同時代，卻極力刻繪李益的薄倖與疑妒，毫不避諱？

文本深究3

❖悲劇理論

◎黑格爾的悲劇理論：
・悲劇衝突有自然衝突、人與外界衝突、心靈自我衝突
・悲劇衝突具有不可避免的必然性和社會性

◎克魯克的悲劇人物說：
　　所遭受的必須是強烈而真實的痛苦，不單指身體而言，更重要的是精神上的折磨及受苦過程中的孤立無援。

◎盧卡奇之悲劇人物說：
　　堅執：面對局限其自由的、與其對立的外在勢力，憑其堅執與意志力，與不可規避的力量發生衝突。雖然可能失敗，卻閃顯出強烈的生命力。

〈霍小玉傳〉的悲劇衝突？

（李益和霍小玉須面對的不可規避的力量？）

（李益和霍小玉的悲劇性格？）

❖李益與霍小玉須面對的——

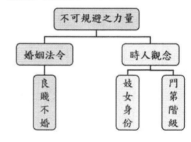

❖門第階級觀念

劉餗《隋唐嘉話》：「薛中書元超謂所親曰：『吾不才，富貴過分，平生有三恨：始不以進士擢第，娶五姓女，不得修國史。』」

❖婚姻律法

《唐律疏義》：
　　「雜戶配隸諸司，不與良人同類，止可當色相娶，不合與良人為婚。違律為婚，杖一百。」

★霍小玉面對不可規避的力量時，原本選擇了一條現實與愛情兩者中的中間路線（相親八年的建議），若李益肯合作，兩人相愛八年然後分手，便能避免與不可規避的力量發生衝突。

★問題是李益負心，沒有踐約，霍小玉不肯罷休，使衝突進入第二階段。當必須與不可規避的力量（外界的壓力、李益的選擇）發生衝突，如何面對？即關乎人物的性格～～

❖〈霍小玉傳〉中人物的悲劇性格
＊主要角色：李益、霍小玉

> 榮格認為：
> 　　性格是個人習慣化了的行為方式中所表現出來的個性心理特徵。謙虛或驕傲、誠實或虛偽、勤勞或懶惰、堅強或懦弱、果斷或猶豫等等。而人並非自己的主宰，主要受一些不為我們所知的力量控制。這些力量來源於自己的潛意識。正是人的這種意識，構成了每個人的獨特性格。

＊霍小玉的堅執是導致悲劇的主因，若小玉在接獲李益另聘高門女子為偶的消息後，能夠自我開解，另尋出路，便不會發生悲劇。然而，正因為她的堅執不屈，成就癡情形象。
＊李益不肯承擔責任與逃避的性格亦是導致悲劇的因素。李益對小玉的愛戀至負情的過程，可說是在享樂與現實之間徘徊，最後沒有作出任何抵抗，便向現實原則低頭的歷程。李益向現實低頭導致悲劇，亦顯示他被動懦弱與不負責任的性格。

※霍小玉的另一種選擇：

❖元稹〈鶯鶯傳〉：

「還將舊時意，憐取眼前人」

❖洛夫〈愛的辯證〉

文本深究4

❖作者（蔣防）的祕密花園

唐代確有李益，竟不諱？
蔣防與李益同時，竟不諱？

> 從故事發展來看，寫到霍小玉之死，情節布局似已完整，作者卻利用小玉臨終前怨恨之言作為伏筆，在結尾插入一段李益疑妒的情節，除深化其教化意義外，這樣的書寫實堪玩味？

※《舊唐書‧李益傳》：

「少有癡病而多猜忌，防閑妻妾，過為苛酷，而有散灰、扃戶之談聞於時，故時謂妒癡為李益疾。」

❖關於〈霍小玉傳〉的寫作動機，歷來學者多數認為：此篇作品在唐代牛李黨爭中，擔任攻擊政敵的任務，亦為作者蔣防對李益個人行為的抨擊。
❖李益的負心，有其個人品質的問題，但當時的社會觀念與制度，更使他有了可以不負責任的理由。
❖〈霍小玉〉不曾為政治鬥爭影響文學作品，文學作品反映社會現實的最佳例證。

比較閱讀

❖ 白行簡〈李娃傳〉

同一種身份的霍小玉與李娃，卻分別迎來了
不同的悲喜人生，兩篇傳奇小說題材內容相
近，思想意趣不盡相同，可兩相對照閱讀。

〈李娃傳〉情節大要

邂逅：滎陽公子家世（常州刺史滎陽公之子）與初遇李娃情景
相戀：公子對李娃的癡情沉迷。
詭計：公子蕩盡貲財後，老鴇翻臉不認人，與李娃互設
　　　騙局，另搬新居，不知去向，使公子無所棲身。
重生：公子絕處逢生，為凶肆唱輓歌，一炮而紅。
絕境：滎陽公得知其子唱輓歌，為了面子尊嚴，施以毒
　　　打的慘酷。
重逢：公子饑寒交迫，風雪中行乞與李娃重逢的情景。
團圓：重逢後李娃為贖前過，捨棄浮華甘心付出；待公子
　　　中舉後，考量其仕官前途，忍痛悄然離去，最
　　　終以父子、夫妻團圓收場。

❖〈霍小玉傳〉與〈李娃傳〉

	〈霍小玉傳〉	〈李娃傳〉
情節	初識→盟誓→暌離→貲釵→奇遇→死訣→冥會→鬼祟→疑妒	邂逅→相戀→計逐→衰絕→鞭棄→行乞→贖身→中舉→團圓
人物	男（李益）：負心懦弱　女（霍小玉）：溫婉癡心　家長（李母）：嚴峻　黃衫客：豪氣	男（鄭生）：單純癡情　女（李娃）：世故高潔　家長（鄭父）：固執　姥姥：貪財勢利
結局	悲劇	喜劇
主題	批判門第觀念	

❖ 湯顯祖〈紫釵記〉（雜劇劇本）

*明代戲曲家湯顯祖曾據霍小玉的故事
寫成〈紫簫記〉，後又改寫為〈紫釵
記〉，共五十三齣。

❖ 湯顯祖〈紫釵記〉

・李益流寓長安，元宵夜拾得霍小玉遺落的紫玉釵
，就以玉釵託媒去說親。婚後，李赴洛陽應試，
中狀元，隨軍出征。

・立功返京後，盧太尉擬招他為婿。其時小玉家境
零落，不得已出售紫釵，正巧被盧太尉購得。
盧知曉紫釵來歷，即以紫釵為憑，向李益假稱小
玉已改嫁。

・一黃衫俠客知此事，命人以駿馬載李至小玉處，
小玉抱病出見，弄清真相，夫妻和好如初。

❖ 從〈霍小玉傳〉到〈紫釵記〉

*劇中霍小玉是王府千金，與李益相愛成婚，之後的
苦戀是夫妻之情，改變了原作妓女苦戀才子的基調。
*拆散小玉與李益的不是李母，而是盧氏之父盧太尉。
而李始終不肯屈服，忠於愛情。突出了愛情主題，
彰顯了湯顯祖以「情」為核心的文學觀，也改變了
原作的矛盾性質，改變了思想主題，成為反對強權
和邪惡勢力的抗爭。
*結局大團圓，霍小玉還被朝廷封為太原郡夫人。不
見原作的悲劇鋒芒，也沒有鬼魂作怪的迷信色彩。

結　語

同一主題的故事或人物在文化差異的不同世代，或加以渲染，或重新再造，使得原本的主題踵事增華，形成豐富的文本對話狀態，可比較作品之間的繼承、鎔鑄及創新。

續接古典‧繁殖文學
——談《警世通言‧白娘子永鎮雷峰塔》的教學策略

汪文祺

壹、前　言

　　白蛇與許仙的故事，流傳甚廣，其內容往往因時代的遞變，而呈現不同的形式面貌與思想內涵。時至今日，屢見以此為題材的新觸發，頗值得探討。筆者於大一國文課程中，嘗試以《警世通言‧白娘子永鎮雷峰塔》為中心，作延伸性的閱讀與討論，讓學生面對古典文學作品時，能以更寬廣的視野與更多元的角度來續接古典，繁殖文學。

貳、教學活動

一、白蛇故事的溯源

　　白蛇傳吸取許多民間傳說，逐漸醞釀而發展。進行話

本小說閱讀之前，宜先介紹其故事本源，讓學生明瞭民間文學是集合眾人之力，經過時間的累積而成就的，因此這類作品往往比文人之作更能反映社會大眾的生活與想法。

圖騰信仰與六朝精怪提供了白蛇故事發展的思想基礎，但學者多以唐人筆記〈李黃〉、〈李琯〉故事為白蛇傳原型，因為白蛇在此已化身為女性，且具有人蛇相戀的雛形。宋人話本〈西湖三塔記〉中故事發生的時間、地點及鎮蛇的塔皆已出現。因此溯源以〈李黃〉與〈西湖三塔記〉為主，對照其情節結構、角色設定、寫作技巧、主題意義等，以見白蛇故事的本事與嬗變。

二、〈白娘子永鎮雷峰塔〉賞析

〈白娘子永鎮雷峰塔〉是白蛇故事從原始素材進步到基本架構的定型作品，情節、人物、文字等俱較前述白蛇故事精進。因此，課程中以此話本小說為討論中心，進行相關的延伸閱讀及多元欣賞。

（一）文體說明

話本小說在語言、形式和題材的表現上，皆具有強烈的民間色彩，展現了迥異於文言小說的風貌。〈白娘子永鎮雷峰塔〉為話本小說，在閱讀內容之前，宜配合文本的形式表現，解釋話本小說的文體樣式，讓學生對其形式有所認知。

（二）作者介紹

文本的實踐過程中往往會有來自作者及其時代環境多

重的顯映，因此，傳統「知人論世」的詮釋方式仍有其運用價值。本文的作者是馮夢龍，他在年少時，經常出入青樓酒館，有助他熟悉平民的生活與想法，對他編寫通俗小說，產生積極的作用。而由其所編「三言」，可見馮夢龍重視文學的社會教化作用，這樣的文學觀自然會在其作品中留下投影。介紹作者時，宜著重在其生活經歷與文學理念的解說，使學生在閱讀接受過程中，通過對作者的了解，對文本所傳導的教化信息進行整合，使詮釋的進路不致偏離。

（三）內容敘說

　　小說的人物性格及主題思想是在情節的發展演變過程中逐漸展現的，閱讀文本理當要先感知故事的情節結構。白蛇故事家喻戶曉，且話本小說文辭簡單，學生容易理解，因此無須逐字講述，可事先發下講義，要求學生預習，課堂上由學生講說情節概要，教師再作補充。若時間許可，也可讓學生上台展演，創設生動場面，活躍課堂氣氛，提高學習興趣，再引出問題討論，通過不同層次意見的融匯，深入解讀文本所要表達的意涵。

（四）問題討論

　　1、〈白娘子永鎮雷峰塔〉在白蛇故事的發展上具有關鍵性的意義，其情節與人物個性至此大致底定。試就情節發展，討論其人物形象的塑造。

　　2、話本小說最後藉坐化前的許宣來警世，除了顯豁而出的「色戒」題旨外，散佈在故事各處的隱喻尚有哪些？

說明：

小說情節從遊湖借傘、訂親贈銀、發配蘇州、戲弄道士、扇墜招禍、審配鎮江、懲嚇淫徒、金山尋夫、法海降妖，到永鎮雷峰等，皆為後世「白蛇傳」所沿襲。其內容曲折，結構漸密，敘述對話生動，人物塑造更有重大轉變；蛇精人性化、許宣儒弱薄倖、佛教高僧替代道教真人。本文的主旨標明在戒色詩中，仍與前述作品的主題相近，然而，故事情節中糾葛的兩性情欲、宗教法理等，還是值得我們細加審思。

三、不同文類的延伸閱讀

（一）古典戲曲──方成培《雷峰塔傳奇》

〈白娘子永鎮雷峰塔〉將白蛇故事的輪廓勾勒完成，清代方成培的《雷峰塔傳奇》則讓白蛇故事在戲曲舞台上奠定地位，後世作品往往據此為藍本，改寫成各種繁複的形式。在課程中即以方本作為延伸探討的參照對象。

1、內容概述

方成培《雷峰塔傳奇》，共三十四齣，因上課時間有限，僅作內容簡介，提點與話本小說不同之處。

2、問題討論

〈白娘子永鎮雷峰塔〉之後的白蛇故事甚多，其中以方成培的《雷峰塔傳奇》對後世戲曲的改編和民間說唱文學的情節影響較大。試比較兩者在情節安排、人物刻畫及故事主題等方面的異同，其中的轉變具有什意義？

說明：

方成培的《雷峰塔傳奇》可視為白蛇故事的成熟階段，在人物性格方面，白娘子已脫去殘忍的妖性，為了卻宿緣而愛戀許仙，鍾情執著；許仙起初性格搖擺，情感逐漸專一，最終成為佛家色空的實踐者；法海代表穩定社會秩序的控制力，卻成為情愛的破壞者。三者之間的矛盾衝突，構成強烈的戲劇張力，至此主題亦已超越教化意圖，進入婚戀自主與傳統倫理的思維當中。

歸納馮本和方本的內容情節，可以發現有許多相異之處：白蛇下凡的原因、夫妻之情的描寫、人物角色的刻繪、故事結局的安排等。這樣的對照討論是極具現實意義的，我們可以從中辨析小說與戲劇不同體式的呈現考量，認知其角色形象與情節題旨的轉變與差異，探索其深層結構與象徵意義，進而提出為人自省的惕勵。

（二）現代作品——張曉風〈許士林的獨白〉、許悔之〈白蛇說〉

詮釋古典文學作品，透過特殊的視角，也可以有一種現代化的過程。現代作家擷取耳熟能詳的故事，不必縷縷細述，就可擇其精要，賦予新意。以白蛇故事為題材而書寫的現代作品很多，隨著切入角度的不同，形成各具特色的表現。在課程中主要以張曉風的散文〈許士林的獨白〉與許悔之的新詩〈白蛇說〉為對照重點。另有李碧華的小說《青蛇》，以青蛇作為敘述主體，描繪錯綜複雜的情欲；李喬的小說《情天無恨——白蛇新傳》則著重探討佛法與

人性、情愛間的糾葛。現代小說篇幅較長，宜作為課後延伸閱讀。

1、文本欣賞

學生先行預習，課堂進行討論與分享。

2、問題討論

(1)張曉風〈許士林的獨白〉展現何種獨特風格與詮釋角度？

說明：

張曉風常選擇古典文學中的精彩片斷，予以突顯。在〈許士林的獨白〉一文中，採散文體裁，以白素貞之子許士林對母親的思念為著眼點，有別於一般著重人妖殊途愛情悲劇的書寫。作品並非重述人蛇相戀的故事始末，而是敘寫許士林狀元及第，悲欣地奔赴雷峰塔，叩拜母親的心情，讓白蛇傳由愛情題材，擴大為人倫親情的刻畫，同時嚴正批判無情的法海，提供「眾生平等」的思考；美化母性，強化了人情與孝親的觀念。作品的標題下有一行字——「獻給那些睽違母顏比十八年更長久的天涯之人」，透露著許士林的奔赴、悲憤，原來是許多「那一代許士林」的心聲，如此一來，文章內容成為時代悲劇的縮影，表現了人們對天倫親情的渴望。本文在古典題材之下，將其事件重加詮釋，投射自身的性情與時代的情境，使作品成為一種隱喻，表達了多層次的意義。

(2)許悔之〈白蛇說〉如何轉化／解構白蛇故事？

說明：

鄭慧如在《身體詩論》中提到：「這首詩以白蛇故事為基，刻畫同性愛欲、雙性愛欲、變性和扮裝的欲望糾葛。藉著白蛇和青蛇分叉的蛇信、扭擺的蛇身，主述者顧左右而言他，粉飾有口難言的身體感受。」詩中緊扣住「非我族類，其心必異」這一點，用白蛇故事來闡釋雙性戀或同性戀，表述白蛇最大的試煉，不在喝雄黃而現形，也不是面對負心的許仙，更非向法海挑戰，而是和小青維持姊妹淘、情敵、情人與主從的多重關係。詩人從白蛇的角度出發，以第一人稱的敘事方式，把白蛇和青蛇的主僕關係轉喻為愛情中的男女關係，道出白蛇對小青的戀人絮語，而許仙和他們非屬同類，自然不解，改寫了傳統白蛇故事的終曲。此詩以白蛇傳故事為引子，有著與傳統文本截然不同的詮釋，詩人巧妙地轉化了讀者對「白蛇傳」故事的印象，同時示範了一種重讀古典文學的多重可能。

四、表演藝術的多元欣賞

「白蛇傳」中的典型人物、尖銳衝突及多重義蘊，也是表演藝術的關注焦點，課程中進一步就各種表演型態的白蛇故事，窺其創作意圖，探究其與現代思潮融合，以及隨著時代演變，在不同意識型態與文化背景下被投入的不同蘊涵。

（一）舞動白蛇—雲門舞集【白蛇傳】
1、影片觀賞
2、討論分享

　　雲門舞集【白蛇傳】舞動古老傳說故事，其取材角度、角色形塑、道具設計，以及主題傳達等，釋放出哪些不同傳統的生命力？

　　說明：

　　白蛇故事歷經千百年的流轉，不論人物或情節都早已定型，然而雲門舞集的【白蛇傳】，融合東西方舞蹈技巧與劇場概念，省略許多枝節，昇華整體意象的豐富性。其中四個角色有著明顯的分野，各自體現不同的象徵意義；舞者運用靈活的肢體語言，突出角色的鮮明性格；道具的運用，更傳達角色的內心世界；頗具象徵色彩的極簡舞台，發揮多元的功效；音樂配合劇情，成就美麗的樂舞，再益以獨特的取材角度，使得這齣舞劇，更具心理深度與複雜性。此外，爵士舞蹈家吳佩倩認為白蛇傳的故事張力非常適合發揮於爵士舞的肢體動作，於是編導了舞劇【白蛇傳】，利用現代聲光科技，給予故事新的生命力，可與雲門白蛇相互輝映。

（二）驚變蛇影──徐克【青蛇】

1、影片欣賞

2、討論分享

　　當許仙與白、青二蛇、法海相遇在徐克電影【青蛇】，螢幕裡的故事在演繹過程中，有哪些不同傳統的詮釋？

　　說明：

　　螢幕裡的白蛇故事，四角關係幾乎千篇一律，以白素貞和許仙的愛情為主線，小青只是配角，法海更是白鬍髯

髻的老朽。徐克的【青蛇】則注意到了「小青」，於是將這段千古奇緣翻案，為小青重新定位。電影【青蛇】保留了故事原來設置的斷橋、夫妻、雄黃酒、盜仙草，水漫金山等，卻以嬌俏青蛇對情感的認知與年輕法海對魔障苦參不透為主。故事的前身是李碧華的《青蛇》，再加上雲門舞集【白蛇傳】的啟發，徐克轉移了既有的焦點，讓人重新思考白蛇故事中多層面的衝突意義。

參、結　語

傳說與故事的蛻變，所折射出來的形貌多端，往往會成為作者或是時代的隱喻，由此，我們也就可以挖掘積澱於文學作品與表演藝術之中或隱或顯的作者情思、時代意識及文化信息。不同樣貌的「白蛇故事」連接起來，展示著千百年來的感情與理路，呈顯出不同的精神意涵與藝術樣態。龔鵬程先生曾說：「一切文學作品，都含有作者所欲投注的意義。作家選用一個或一種人物，乃是因為這個人物比較適合用來表達他所想陳述的意義，有時，某一類人，特別為作家所愛選用，而此類人物之表現，也恆隨作品之意義而有不同。」現代人仍然可再以新的視野、新的觀點、新的語言，提出新的詮解，讓白蛇繼續舞動在人間。（原載於《中國語文》588 期）

被符號化的動物

「白蛇」變形記

白蛇故事演變

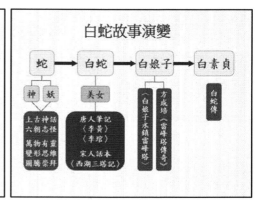

蛇 → 白蛇 → 白娘子 → 白素貞

- 蛇：神、妖
  - 上古神話
  - 六朝志怪
  - 萬物有靈
  - 變形思維
  - 圖騰崇拜
- 白蛇：美女
  - 唐人筆記〈李黃〉〈李琯〉
  - 宋人話本〈西湖三塔記〉
- 白娘子：
  - 〈白娘子永鎮雷峰塔〉
  - 方成培〈雷峰塔傳奇〉
- 白素貞：白蛇傳

故事中的「白蛇」

★古代以「蛇」為圖騰信仰

*古代，人民以蛇為圖騰，主要來自於心理機轉：「畏懼某物的心理導致了宗教式崇拜」

*人由畏蛇、敬蛇而崇蛇的心理，形成「人蛇合一」的神話傳說：「女媧」、「伏羲」為「人面蛇身」

★文化思維中，「蛇」的象徵意義？

冷血、陰毒、邪惡、貪婪、誘惑……

★「白蛇」？ 白化→罕見→特殊、神奇、靈性……

白蛇故事溯源 1

◎唐人筆記〈李黃〉故事梗概：

唐朝元和年間，一青年名李黃，在長安市遇一白衣之姝，綽約有絕代之色，家中有一青服老女郎，是白衣之姨。一住三日方才辭歸，上馬，僕人覺李有腥臊氣異常。歸宅，遂覺身重頭旋，命被而寢，但覺被底身漸消盡。揭被而視，空注水而已，唯有頭存。家人驚偟，呼從出之僕考之，具言其事。反去尋其宅所，乃空園，彼處人云，往往有巨白蛇在樹，便無他物。

白蛇故事溯源 2

◎唐人筆記〈李琯〉故事梗概：

唐朝元和年間，青年李琯，途逢二素衣女奴，隨其返家，識一年十六七歲，姿豔若神仙之女子，因留止宿，及明歸家。纔及家，便覺腦疼，斯須益甚，至辰巳間腦裂而卒。其家詢問奴僕，昨夜所歷之處，從者具述其事，云「郎君頗聞異香，某輩所聞，但蛇臊不可近。」舉家冤駭，遂命僕人於昨夜所止處複驗之，但見枯槐樹中，有大蛇蟠屈之跡。乃伐其樹，發掘，已失大蛇，但有小蛇數條，盡白，皆殺之而歸。

白蛇故事溯源 3

◎宋人話本〈西湖三塔記〉故事梗概：

南宋臨安一青年名叫奚宣贊，清明時遊西湖，救一迷途少女白卯奴，因而認識其母「白衣婦人」與祖母「黑衣老嫗」，奚宣贊見其母如花似玉，心神蕩漾，用餐席間，見僕人稟告：「以新代舊」，白衣婦人即召兩力士，活捉一後生，剖腹挖肝，作為佳餚，奚宣贊驚恐失神，不敢舉箸。白衣婦人自稱無夫，願以身相許。遂與之同宿半月餘，奚宣贊日益消瘦，擬歸家之時，僕人稟告曰：「新人已到，可換舊人」，即命取奚宣贊心肝。奚宣贊未救於白卯奴，白卯奴救奚宣贊脫困。其實少女是「雞妖」，婦人是「白蛇妖」，老嫗是「獺妖」。後來三妖都被道士收伏，鎮壓於西湖三潭印月的白塔之下。

※白蛇故事原型階段：〈西湖三塔記〉

＊已見白蛇故事雛形

（時：清明；地：西湖）

＊故事結構簡單，角色性格平板

＊白蛇形象：化身惡人・危害生靈

＊故事義旨：色迷心竅・貪欲招禍

↳ 彰顯警世作用

白蛇故事定型：〈白娘子永鎮雷峰塔〉

★出處：《警世通言》第二十八卷

★體裁：話本小說（入話・正文・結尾）

★作者：馮夢龍

★故事內容：

> 話說宋高宗南渡，紹興年間，杭州臨安府過軍橋黑珠巷內，有一個官家，姓李名仁，見做南廊閣子庫募事官，又與邵太尉管錢糧。家中妻子，有一個兄弟許宣，排行小乙。他爹曾開生藥店，自幼父母雙亡，卻在表叔李將仕家生藥鋪作主管，年方二十二歲。那生藥店開在官巷口。

故事開端：介紹主角許宣身家背景

故事情節開展

薦祖→許宣清明於西湖保叔寺追薦父母。

舟遇→遇雨同舟，許、白兩人初會，許宣代付船資。

借傘→街巷巧遇，合傘共行；許宣並借傘予白。

　　　那婦人答道：「奴家是白三班白直殿之妹，嫁了張官人。不幸亡過了。」

討傘→許宣兩回討傘。

贈銀→白自言願意相配，且自出成親之資。

見贓→許宣姊夫李仁識破白之贈銀為贓銀，出首許宣。

庭訊→許宣供出白住處。

搜盜→白遁形，贓銀全獲。

配蘇→許宣得罪，發配往蘇州，投靠王主人。

遠訪→白尋至，得主人挽留幫助而與許宣成親。

贈符→看臥佛遇道士，指其頭上有黑氣，贈符驅妖。

逐道→白反制道人，並戲弄之。

浴佛→許宣看浴佛、穿戴白所與衣物被捕。

妖通→白和青青離別，遺失之財物復回。

審配→許宣審配鎮江、投靠李克用。

受讒→受店內張主管讒言。

色迷→白與許宣重逢和好。

現形→李克用用計欲得白，反受白現形之驚嚇。

掩忌→白怕被揭穿，要許宣自立門戶開藥鋪。

化香→金山寺和尚募緣。

棒喝→許宣上金山寺，法海出場，白和青青水通。

訪李→白青未歸，許重訪李克用，李言觀見白現形。

敕回→許遇大赦返家，白已在家等，許求情，白怒。

窺形→李仁見白現形。

捉蛇→戴先生捉蛇失敗，白大怒。

重謁→逃出未果，淨慈寺尋法海。

覆缽→許宣依法海所授，親手覆缽。

> 白娘子答道：「祖師，我是一條大蟒蛇。因為風雨大作，來到西湖上安身，同青青一處。」……「青青是西湖內第三橋下潭內千年成氣的青魚。」

埋塔→法海令人砌塔、埋蛇。

化緣→許宣化緣砌成七層寶塔。

坐化→許出家修行數年，一夕坐化，其骨塔千年不朽。

〈白娘子永鎮雷峰塔〉在白蛇故事的發展上具關鍵意義，其情節與人物形象至此大致底定

問題思考：

1.小說中重要角色的形象？

2.小說的主題思想？

〈白娘子永鎮雷峰塔〉分析

★角色形象：

＊白蛇人性漸增，但仍不脫獸（妖）性

白蛇對許宣的感情，純真而熱烈

（因為風雨大作，來到西湖上安身，同青青一處，不想遇著許宣，春心蕩漾，按納不住，一時冒犯天條）

＊許宣顯得懦弱而搖擺不定

＊法海：執法者（宗教、禮法）

★小說義旨：

◎篇末直接點明：懲戒色欲

祖師度我出紅塵，鐵樹開花始見春。

化化輪回重化化，生生轉變再生生。

欲知有色還無色，須識無形卻有形。

色即是空空即色，空空色色要分明。

◎主要角色隱喻：許宣——欲→出家

白娘子——色→收服、鎮壓

法海——禮教

◎宣揚宗教意識：操持社會規範的執法者

（佛教，鎮妖之物：缽、塔）

方成培《雷峰塔傳奇》

＊以黃圖珌與陳嘉言父女兩部《雷峰塔傳奇》為基礎，加以改編，形成故事新面貌，得到更廣泛而久遠的流傳。

＊情節舉要

1開宗：首將西湖之景色描述，並敘說白蛇妖孽下凡了卻宿緣，至雷峰塔鎮妖，佛恩超渡，千古留傳之史事。

16端陽：端午，白娘子為許宣所逼，飲雄黃酒醉臥，現原形，許被嚇身死，白娘子乃往嵩山求仙草，時已有身孕。

25水門：白娘子與青兒追至金山，向法海要許宣，白氏欲擒法海，眾神出門而敗，法海以青龍杖禦之。白氏三度求師放人，被拒，怒淹金山寺。法海以袈裟罩住水勢，並命眾神追殺，時魁星托缽至，白青二人始逃遁。法海要許返臨安，俟分娩後了緣，有事至淨慈寺尋他。

32祭塔：白娘子之子許士麟得中狀元，奏請拆塔救母，聖主未允，僅命允其祭塔。母子相見，悽惻至極，哀傷痛哭，並咒法海之無情離間骨肉，白氏則望其子，勿學其父之薄倖。

33捷婚：許士麟與李仁女完婚，錢塘縣令送五花官誥至，並謂朝廷將封贈其二親，一同拜謝。

34佛圓：白氏被鎮壓歷三十餘載，天帝感於其子哀帝之至誠，且白氏雖為蛇身，久堅持雅操，教子忠貞，乃加赦免，命法海前去釋放。青兒因亦明主婢之誼，乃赦之，亦從白氏。因塔留於後人瞻仰，未加毀拆；但釋出白氏，天女奉旨前往接引，雷峰塔故事至此流傳千古。

方成培《雷峰塔傳奇》

＊方成培《雷峰塔傳奇》為戲曲之作，讓「白蛇傳」故事在戲曲舞台上奠定長久的地位，在乾、嘉以後的許多地方戲、曲藝、小說、話劇、舞蹈等藝術形式中，多以方本的情節作為母題藍本，而故事的主題思想更多元、藝術價值更臻佳境。

＊方本可說是「白蛇傳」故事演變的關鍵。

問題思考

比較馮夢龍〈白娘子永鎮雷峰塔〉和方成培《雷峰塔傳奇》，在情節安排有著明顯的差異，其中的改變對故事有何影響？又隱含了什麼意義？

（提示：白蛇下凡原因、故事結局安排）

方成培《雷峰塔傳奇》分析

＊白蛇下凡原因：了卻宿緣
→ 故事焦點轉移

故事焦點由「戒色」轉移至「愛情」
影響故事情節內容→表現夫妻情深：
　端陽現形、嵩山求草、金山水浸、斷橋相會
→角色形象改變（法海成為愛情破壞者）

＊結局喜劇收場→ 反映大眾想望
＊故事結局安排：白蛇產子、士麟祭塔、白蛇登仙
→ 傳統價值思維

「白蛇故事」的多元解讀

1. 情感與理智的對立。　2. 挑戰定型的社會標準。
3. 物各有分的象徵。　　4. 階級意識的反映。
5. 反抗封建禮教和追求婚姻自主。
6.「女性」主體價值的提升。
7. 超自我的強調。
8. 人性與獸性的鬥爭。…………

★可歸類為：＊情感與理智的衝突
　　　　　　＊人性的自我掙扎
　　　　　　＊社會生活的反映
　　　　　　＊女性主體價值的思考

雲門舞集【白蛇傳】

【白蛇傳】是林懷民為《雲門舞集》創作之四人舞，是
舞團代表作之一。該舞原先命名為【許仙】，一九七五
年九月於新加坡首演。
　　　（音樂作曲：賴德和《眾妙》，燈光設計：侯啟平，
　　　道具設計：楊英風，服裝設計：林懷民。）

林懷民：1947年生，台灣嘉義人。
14歲開始發表小說，22歲出版《蟬》，是六、七〇
年代文壇矚目的作家。大學就讀政大新聞系；留美
期間，一面攻讀學位，一面研習現代舞。1972年，
自美國愛荷華大學英文系小說創作班畢業，獲藝術
碩士學位。

★雲門

＊根據古籍，「雲門」是最古老的舞蹈，相傳
　存在於五千年前的黃帝時代，舞容舞步均已失傳，只
　留下這個美麗的舞名。
＊1973年春天，林懷民以「雲門」作為舞團的名稱。這
　是臺灣第一個職業舞團，也是所有華語社會的第一個
　現代舞團。
＊多年來，雲門的舞台上呈現一百六十多齣舞作。古典
　文學、民間故事、台灣歷史、社會現象的衍化發揮，
　乃至前衛觀念的嘗試。雲門舞碼豐富精良，多齣舞作
　因受歡迎，一再搬演。

雲門官方網站
http://www.cloudgate.org.tw/

雲門舞集【白蛇傳】不同於傳統的詮解？

＊表演型態：融合京劇身段與
　　　　　　　西方葛蘭姆技巧
＊取材角度：獨具新意的將青蛇突出，與白蛇
　　　　　　分庭抗禮。
＊角色形塑：四人衣著顏色不同，肢體動作各
　異。白蛇癡心執著，青蛇靈動狐媚，許仙文
　弱矛盾，法海威權獨斷。

＊布景道具：粗藤蛇窩、竹簾象徵、法海禪杖
　→傳統劇場象徵手法
＊主題意識：主題意識仍符合傳統思維，但更
　　觸及人性的欲求與矛盾。
　→青蛇的引誘、忌妒、煎熬。許仙在顧右盼陷入
　　兩難；情義、道德、愛與悔恨糾纏矛盾

徐克【青蛇】(1993)

★根據李碧華的同名小說《青蛇》改編，故事取材自
　民間傳說「白蛇傳」。
★劇情簡介：
　法海居高臨下俯瞰芸芸眾生，輕嘆了聲：「人！」
　法海收伏蜘蛛精
　青白蛇為產婦遮雨，法海心有所觸，留下佛珠
　法海為心魔所擾
　白蛇與青蛇來到人間「學做人」，想體驗人間情愛
　許仙周旋於白蛇、青蛇之間
　許仙被嚇死，白蛇盜仙草，法海籍青蛇助修行
　許仙被法海強拉至金山寺，白蛇與青蛇救許仙
　白蛇產子，法海震驚
　青蛇一劍殺了許仙
　法海抱著白蛇之子，望著青蛇離去

問題思考

徐克電影「青蛇」

有哪些顛覆傳統白蛇故事的部分？

推論徐克想透過電影傳達什麼？

◎電影片名：【青蛇】
◎故事主角的顛覆：青蛇
◎角色形象的顛覆：法海
◎故事情節保留原有大部分橋段，增添部分是為
　突出影片想觸及的課題。

何謂「人」？人性？
情欲與禮教？
誰有資格做「法海」？

＊傳統故事中佛我合一的法海、生而為人的
　許仙、違背天理的蛇妖，成為一種三角結
　構，本是牢不可破的。電影中卻呈現了不
　同的思路想法，一般人眼中的妖，有時卻
　比神佛更合於人道，而真正做人的道理又
　是什麼呢？
＊在電影中，我們思考著是非善惡的標準；
　思考著人性的矛盾與脆弱；思考著人間有
　情，到底情為何物？

問題思考

許悔之〈白蛇說〉

是首具強烈顛覆感的新詩創作，

試討論其不同於傳統白蛇故事的詮釋角度？

※全詩分三節，第一、二節，詩人從蛇的意象與情欲意
　識切入，充滿性愛的暗示與想像；第三節才出現白蛇
　傳代表角色，正式確立讀者對於白蛇傳的相關聯想。
※在詩中，「我」即是白蛇，「妳」即是小青。詩人改
　寫《白蛇傳》的終曲，從白蛇的角度出發，以第一
　人稱的敘事方式，把白蛇和青蛇的主僕關係轉喻為愛
　情關係，說出白蛇對小青的戀人絮語。寫相濡以沫的
　疼惜和吞噬毀滅的佔有欲。最終反傳統地具化白蛇的
　愛與恨，更讓許仙永鎮雷峰塔底，詩中的性別意識古
　今可謂大異其趣，呈現明顯轉變的軌跡。

★強化情欲、性愛意識→對愛情的反動與思索
　　　　　　　　　　→同性情欲愛戀自古有之
★角色關係不同於傳統→女性意識的抬頭

田啟元【白水】

※田啟元（1964~1996）

國立臺灣師範大學美術系設計組畢業，1988年以「誰怕吳爾芙」一劇，獲大專杯話劇比賽四項冠軍，同年九月與劇場同好詹慧玲等人成立「時代映畫劇團」（1988年11月改名「臨界點劇象錄劇團」），擔任藝術總監，以劇團名義發表了23齣作品。

△1996年8月29日，因AIDS引發骨髓再生不全及巨細胞感染病逝於臺北仁愛醫院。

【白水】

＊【白水】是已逝台灣小劇場鬼才編導田啟元生前的名作之一，也是台灣劇場最負盛名的經典劇作。這個作品的寫作風格是以類似韻白和京白的散文化的詩的交互運用來敘事抒情，使得我們在閱讀劇本時，可以清楚感受到田啟元使用文字語言的功力。

＊【白水】脫胎自傳統故事中最富盛名的人妖戀〔白蛇傳〕，透過白素貞、青蛇、許仙、法海四個角色的對話，陳述一段受到外力阻擾（法海）與內在質疑（許仙）的愛情。整個劇本聚焦在〔白蛇傳〕的後半部（水漫金山）。

★文本內容分析

⊙善與惡的模糊邊陲：看似妖類的白蛇和青蛇卻比人更有人味，在愛情裡義無反顧，真實面對自己的情感，甚至比法海更有慈悲心。

⊙真與偽的對峙藩籬：白蛇與青蛇真誠感情比人類虛偽愛情更經得起考驗：許仙膽怯地投靠法海，青蛇自始至終為了白蛇而戰毫不畏懼。即使許仙負心，白蛇依舊堅貞不移。

★劇場角色分析

⊙全男性角色：突破一般人對原著的認知，四個角色全由同性演出，引導思考：為何法海執著要把許仙從白蛇手中奪走？白蛇與青蛇的情感？這樣的安排造成角色之間更多情慾的流動。

★民間傳說故事多半是以善惡分明、人妖殊途為主，田啟元【白水】故事內容取材自《白蛇傳》，只讀文本，看到的是法海拆散許、白二人的愛情故事，較難感受作者想藉此表現不同於傳統的思維。

★【白水】創作意圖

> 巧妙將社會大眾對人妖殊途的僵化觀念轉化為：
> 對社會規範與性別框架提出嘲諷和控訴

結　語

藉往昔傳說的間架，
賦注新穎的意趣，
一部「白蛇傳」，
仍有說不盡的故事。

愛情啟示錄

——「梁祝故事」的教學策略

林淑雲　汪文祺

壹、前　言

　　「梁祝故事」流傳之地廣袤、流播之時綿遠,歷來與「孟姜女」、「牛郎織女」、「白蛇傳」合稱中國古代四大傳說,同時亦是廣為人知的「七世夫妻」中的第二世。據傳「七世夫妻」的起因,乃因玉帝於七夕時宴飲群仙,金童不慎失手摔破了琉璃盞,而玉女卻嗤笑於一旁。玉帝震怒,懲罰兩人下世為情人卻無緣以諧秦晉,累世歷劫,直待功德圓滿方能回返天庭。神仙的墮落造就人間的至情,梁祝抵禦命運的撥弄,成就死生不渝的愛情傳奇。

　　王溢嘉曾言:「只有肉體『適時的毀滅』才能使慾望和激情永遠『懸擱』在他的顛峰,同時使偉大的愛情故事永遠『懸擱』在讀者或觀眾的心靈中」(《古典今看—從孔明到潘金蓮》),是以「梁祝故事」凝結成一頁神話、不老傳

說。此故事的情調是如此淒美動人，故廣受普羅大眾詠歎傳誦，在成型、流衍、轉化的過程中，因時遞移，加入不同的「認知架構」與「時代意識」，並在不同的文本媒介（文學、民間故事、地方曲藝、戲劇、電影、連續劇……）中異彩紛呈。（相關作品資料可參許端容所著《梁祝故事研究》（三）之「梁祝故事出處表」，在此不另贅述）。

筆者於大一國文課程中設計「梁祝故事」專題，除了觀察作品之間的相互滲透與關連，更重要的是咀嚼愛情的況味，尋繹故事所映顯的悲劇美學與文化信息。職是之故，教學時先聚焦於故事的溯源、文本的閱讀，以明民間故事由粗梗而至成熟的過程。再進一步解析文本及媒體多元的詮釋觀點，與學生相互討論激盪，藉以辯證並建立學子正確的愛情觀。

貳、教學策略

一、故事的完成

千百年來，「梁祝故事」主要以口頭文學的形式流傳於民間，是以進行教學的首要工作，乃應就文獻中的記載做一整理，藉以爬梳故事的嬗變過程。

以下表列相關文本並加以說明：

出　處	內　容	說　明
1、宋・張津《乾道四明圖經》卷二〈鄞縣志〉「冢墓條」	義婦冢，即梁山伯、祝英台同葬之地，在縣（鄞縣）西十里接待院之後，有廟存焉。舊記謂：比及三年，而山伯初不知英台之為女也，其樸質如此。按《十道四蕃志》云：義婦祝英台與梁山伯同冢，即其事也。	現今所見關於「梁祝故事」的最早紀錄，當以《乾道四明圖經》為主。此段文字著墨於義婦冢的所在位置，並提及「有廟存焉」，可見世人對梁祝的推崇。至若兩人的身處朝代、生平事蹟，何以同葬的原委本末則付之闕如。文中引用初唐・梁載言的《十道四蕃志》（今已佚），可見初唐時即有梁山伯與祝英台合葬的說法。
2、晚唐・張讀《宣室志》	英台，上虞祝氏女。偽為男裝游學，與會稽梁山伯者同肄業。山伯，字處仁。祝先歸。二年，山伯訪之，方知其為女子，悵然如有所失。告其父母求聘，而祝已字馬氏子矣。山伯後為鄞令，病死，葬鄮城西。祝適馬氏，舟過墓所，風濤不能進，問知有山伯墓，祝登號慟，地忽自裂，陷祝氏，遂並埋焉。晉丞相謝安表奏其墓曰：義婦冢。	此段文字錄自清・翟灝《通俗編》卷三十七「梁山伯訪友」條。翟灝自言引自《宣室志》，但現存《宣室志》並無此文字。文中所述「梁祝故事」已具雛形：英台男裝游學、梁祝同窗共硯、英台婚訂馬氏、山伯求親未果、山伯不幸病逝、英台哭墓並埋（惟此時英台並非主動投墳）等橋段，具已完足。篇中並提及梁、祝的居處及山伯之字，同時紀錄謝安表奏其墓為義婦塚之事。
3、明・徐樹丕《識小錄》卷三	梁山伯祝英台，皆東晉人。梁家會稽，祝家上虞，同學于杭者三年，情好甚密。祝先歸，梁後過上虞尋訪，始	此段文字明確點出「梁祝故事」的發生時代：東晉。故事依以下情節漸次開展：梁祝同窗情濃、英台婚定馬

知為女子。歸告父母，欲娶之。而祝已許馬氏子矣。梁悵然不樂，誓不復娶。後三年，梁為鄞令，病卒，遺言葬清道山下。又明年，祝為父所逼，適馬氏，累欲求死。會過梁葬處，風波大作，舟不能進。祝乃造梁塚，失聲哀痛。塚忽裂，祝投而死焉，塚復自合。馬氏聞其事於朝，太傅謝安請贈為義婦。和帝時，梁復顯靈異助戰伐。有司立廟於鄞縣。廟前橘二株合抱，有花蝴蝶，橘蠹所化也，婦孺以梁祝稱之。按，梁祝事異矣。《金樓子》、《會稽異聞》皆載之。夫女為男飾，乖矣。然始終不亂，終能不變，精神之極，至於神矣，宇宙間何所不有，未可以為證。	氏、山伯求親未果、山伯誓不婚娶、山伯不幸病逝、英台抗婚求死、英台哭墓投墳。相較於《宣室志》的記載，又多了馬氏聞事於朝、梁氏顯靈助戰、有司立廟於鄞、廟前橘蠹化蝶的橋段。此外，篇中提及《金樓子》、《會稽異聞》載有此事。《金樓子》為梁元帝蕭繹所作，在明代即已散亡。今本《金樓子》乃是由《永樂大典》輯錄而成，但不全，在今本中即不見關於「梁祝故事」的文字。《會稽異聞》現已亡佚，不知成書於何時。如徐樹丕記載屬實，則可證明「梁祝故事」於南朝梁時即已流傳。

　　《乾道四明圖經》記載簡略，無法呈現「梁祝故事」的概貌。至若《宣室志》和《識小錄》所載，則故事已見規模，然而讀此兩段文字卻不能讓人感受梁祝之間感人肺腑的愛戀。當梁山伯得知祝英台為女兒身，馬上請父母作主，希望明媒正娶如花美眷，無奈英台已許配他人。此時山伯的反應僅是「悵然」，沒有悲痛欲絕的呼號，不見積極爭取的動作，兩人更沒有私訂終身的承諾。惟《識小錄》言及「誓不復娶」，依稀得見山伯對此段感情的付出和珍

視。而後山伯的死亡，乃是敵不過病魔的摧殘，並非是愛情挫敗後悲傷憂憤的結果。因為梁祝相交過程的平淡，《宣室志》中梁祝並葬的淒美結局渲染力相對薄弱。英台的登墓號慟，並非事先的安排，而是出嫁途中的插曲。「問知有山伯墓」所展現的疏離關係，更是令人難掩失望。最後與梁山伯同冢共埋則是「地忽自裂」、「陷祝氏」的被動結果。相較之下，《識小錄》中梁祝的戀情較為深刻，強調英台「為父所逼」、「累欲求死」的無奈與悲痛，強化其「投而死焉」的主動性與必死的決心。

二、漫步於文本

在分析諸文獻的情節結構，讓學生瞭解「梁祝故事」的本事及其發展脈絡後，教師可於此基礎上進行相關文本的閱讀。

（一）馮夢龍《古今小說》卷二十八〈李秀卿義結黃貞女〉的入話

民間文學作品的流動遷化，往往是在核心情節上衍生出相關新情節的蛻變，因此屢見由粗而精，由簡單至複雜的過程。完整的「梁祝故事」見於《古今小說》卷二十八〈李秀卿義結黃貞女〉前的入話，故事情節和《宣室志》、《識小錄》所錄雷同。然因入話最主要的功能在於招攬生意和吸引現場聽眾的興趣，是以在敘述時增添許多對白，人物刻繪更為詳實生動，同時加入英台好學、兄嫂反對、英台以榴花之興衰枯榮以自我比況、與山伯義結金蘭、衣

服碎片化為彩蝶等情節。其中化蝶部份，尤值得觀察：

> 明年，英台出嫁馬家，行至安樂村路口，忽然狂風四起，天昏地暗，輿人都不能行。英台舉眼觀看，但見梁山伯飄然而來，說道：「吾為思賢妹，一病而亡，今葬於此地。賢妹不忘舊誼，可出轎一顧。」英台果然走出轎來，忽然一聲響亮，地下裂開丈餘，英台從裂中跳下。眾人扯其衣服，如蟬脫一般，其衣片片而飛。頃刻天清地明，那地裂處，只如一線之細。歇轎處，正是山伯墳墓。乃知生為兄弟，死作夫妻。再看那飛的衣服碎片，變成兩般花蝴蝶，傳說是二人精靈所化，紅者為梁山伯，黑者為祝英台。其種到處有之，至今猶呼其名為梁山伯、祝英台也。

梁祝化蝶之說，可上溯至南宋末年咸淳年間《毘陵志》中所載：「祝陵，在善權山……昔有詩云：『蝴蝶滿園飛不見，碧鮮空有讀書壇』」。此詩之後，史能之評道：「俗傳英台本女子，幼與山伯共學，後化為蝶。」由此可見化蝶之說於南宋度宗時期即已流傳。至若如何化蝶，《古今小說》言英台投墳時，眾人扯其衣裳，脫落的衣服在空中飛舞化為兩蝶。（馮夢龍《情史》中則言：「衣在火中化為兩蝶。」）化蝶的浪漫想像，擺脫人為外力的操弄，突破人間生死的侷限，象徵梁祝兩人的不渝情愛。對此，馮氏提出精闢的闡釋：「人生，而情能死之；人死，而情又能生之。即令形不復生，而情終不死，乃舉生前欲遂之願，畢之死後；前生未了之緣，償之來生。」（馮夢龍：《情史》）事實上，在文學作品中，不為俗世所容的愛侶，生不能琴瑟和鳴，死後精魂化身長相廝守的例子所在多有。在此，教師可進一

步補充《搜神記‧韓憑夫婦》。

　　韓憑與何氏鶼鰈情深,然而何氏的美貌,卻為他們的婚姻帶來空前的危機。宋康王運用權勢強奪臣妻,並囚禁奴役韓憑,夫妻兩人相見無期。韓憑在接獲何氏表達堅貞心跡的書信後自盡,何氏隨後亦陰腐其衣投臺身亡。死後兩人的精魂化為鴛鴦,永不離分。

　　韓憑夫婦的故事,經過時間的流衍,在特定物象上有了不同的觀照。相思樹上那交頸悲鳴的鴛鴦,竟一變而為翩然飛舞的蝴蝶。李商隱〈青陵臺〉即說到:「莫訝韓憑為蛺蝶,等閒飛上別枝花」,北宋‧樂史《太平寰宇記》記載此事時,亦言何氏「與王登臺,自投臺下,左右攬之,著手化為蝶。」韓憑故事遂與我們所熟知的「梁祝故事」有了比附。

　　精靈化生的浪漫,廓清死亡的陰翳,解懸生死定數的焦慮。「這種以文學形式超越死亡結局的努力,恰當地表現了中國人在紅塵俗世中的仰望,披露了碌碌浮生最後的寄託。」(林美清:〈精誠不散,那論生死——從「七世夫妻」論中國民間文學中的永生〉)經由感通萬物,物化變形,超脫肉體的生滅成毀,掙脫禮教封建的囹圄,達到成全不朽生命、化解死滅之苦的效果。在此,死亡是脫離苦難的手段,是邁向永恆的契機。準此,生命的終結不再令人神傷,甚至更進一步讓人感到欣慰,如休謨於《論悲劇》中所說的:「用這種辦法,不僅憂鬱情緒的不舒適感完全被更強烈的相反的情緒所征服和消除,而且所有這些情緒的全部衝

動都轉變成快樂。」

（二）吳若權：〈梁山伯逼死祝英台〉（中國時報二〇〇三年三月七日副刊）

此文針對黃梅調版「梁山伯與祝英台」中的鋪陳，提出山伯逼死英台的另類觀點。吳氏指出樓台會中，祝英台在父親許婚馬氏子後，理智的提出「放下婚姻談友愛」的建議，希冀今後兩人「以兄妹相稱」，卻不被梁山伯接受。梁山伯就此一病不起，臨終之際託四九將沾滿鮮雪的手帕交予祝英台，「一見羅帕，如見故人」的遺言，猶如緊箍咒般束縛著祝英台。梁兄既為英台而死，獨自苟活的英台似乎就太無情無義，是以原本有著諸多選擇的祝英台，終於只能投墳而亡。在此，吳氏認為梁山伯「愛不到你，我就死給你看」的作法實不可取。

配合此文，教師可針對吳氏之說引領同學思考。究竟，我們是該堅守愛情，至死無悔；還是「留得青山在，不怕沒柴燒」。愛情，存不存有「退一步，海闊天空」的可能？而當兩人感情無以為繼，成熟和理性的分手態度為何？教師可先瞭解全班同學的想法（舉手表態、書面作答……），然後再徵詢個別意見。經由不同意見的融匯，省思正確的愛情態度。

現代作家中，針對古老的「梁祝故事」加以創作者不乏其人。如李碧華的〈梁山伯自白書〉，以梁山伯為敘述主體，直陳其早識英台女兒身的事實及其故作呆頭鵝的心機。〈祝英台自白書〉則變換視角，以祝英台為中心，駁斥

梁山伯的滿口謊言,揭穿其虛偽狡詐的無恥行徑。李馮的
〈梁〉、〈祝〉,亦是在古老故事上加以發揮,將時空移植於
現代,詮釋另類顛覆的新版梁祝。兩人均以獨特的創作視
角,投射自我的新意與感發。惟因篇幅較長,且內容與原
作跳脫甚大,教師可口頭補充,或斟酌選錄以為類文選讀。

三、移植於影像

　　現代社會是一個視訊化的媒體世界。瞭解文學的方
式,除了傳統的文字閱讀,傳播圖像符號的視聽作品亦是
絕佳途徑。特別是「梁祝故事」廣為表演藝術取材,媒體
表現形式多元,課程中可述介各種藝術樣態的作品,在不
侵犯著作權的前提下,播放其中差異性較大的橋段。透過
肌理內容的對照,掌握編導的創作意圖與經營考量。

(一)黃梅調版「梁山伯與祝英台」&徐克「梁祝」

　　黃梅調版「梁山伯與祝英台」於一九六三年出品,李
翰祥導演,凌波、樂蒂主演。此劇風靡一時,並榮獲第二
屆金馬獎最佳劇情片、最佳導演、最佳女主角、最佳演員
特別獎(凌波)以及最佳剪輯、最佳音樂等獎項。第十屆
亞洲影展最佳彩色攝影獎、最佳音樂獎、最佳錄音獎、最
佳美術設計獎之殊榮。

　　本片為經典名片,情節可概分為喬裝治病、草橋結拜、
同窗情誼、十八相送、造訪英台、樓台相會、哭墳化蝶等
橋段。因時間限制,教師可選擇關鍵片段播放,如:

　　片段一(求學動機):英台在閨房中茶飯不思,父母憂

心忡忡，決定延聘大夫為英台問診。英台巧扮郎中，瞞過父母耳目，終於說服雙親，得以女扮男裝赴杭城尼山書院讀書。

片段二（書院生活）：學堂中學子搖頭晃腦齊聲朗讀「大學之道，在明明德，在親民……」。隨後夫子抽問學生。山伯回答老師「唯女子與小人為難養也」之下一句為「近之則不孫，遠之則怨。」課後英台興師問罪，責難山伯不該歧視女性。山伯臚列妹喜、妲己、褒姒等傾國禍水以為辯解，英台則駁之以女媧補天、嫘祖養蠶、孟母三遷，以明女性的偉大。並指責山伯的不求甚解、食古不化，為不辨是非黑白的小書呆。

片段三（十八相送）：英台返家，山伯遠送。一路上英台借景示意，借物傳情。一再以比目魚、鴛鴦、牡丹、雌鵝為喻，又用梁兄哥你為妻子下山崗、牛郎織女渡鵲橋、觀音堂中替金童玉女來拜堂、水裡一男一女笑盈盈、黃狗偏咬女紅妝來暗示。只可惜梁山伯憨厚有餘機敏不足，未能體悟英台的言外之意。

「梁祝」於一九九四年上映，徐克導演，吳奇隆、楊采妮主演。在前作的框架下，編導企圖以不同的映像美學重述悲戀故事，傳達新世代對於真愛的感知。片中以何占豪、陳鋼所作的「梁祝小提琴協奏曲」為配樂，在悠揚的樂音中，梁祝相識、相知、相許、分離、化蝶的情節逐步推移。為經濟教學時間，教師可擇要播放電影片段，如：

片段一（求學動機）：祝父欲與高門望族連姻，惟英台

琴藝粗疏,胸無點墨,為恐辱及家風,不得不送英台至杭城崇綺書院就讀。

片段二(同窗共讀):山伯與英台於文庫讀書,山伯向英台言及「實」、「虛」。所謂「虛」就是男人對男人;所謂「實」,就是男人對女人,可以畫眉、拉手、親臉蛋、傳宗接代。後來山伯因掩護英台作弊遭老師責難,英台為免山伯被逐出書院發憤苦讀。考試過關後兩人情愫暗生。此時山伯一再提醒自己:千萬不要變「虛」。英台則暗自惕勵:千萬不要變「實」。

片段三(若虛和尚和祝母的對話):若虛和尚至祝府,希冀祝夫人能成全山伯與英台,遭祝母斷然拒絕。原來兩人舊時曾經相戀,但因不敵現實,男方遁入空門,女方嫁入豪門。

視覺符號的內在意涵在經過閱聽人的對話後,更能顯豁其意義和價值。準此,教師於播放影片的同時(教師可斟酌教學時間及教學重點自行選擇播放段落),應隨機補述電影情節,同時設計題目以供討論。

綜觀兩片的內容情節,基本架構均為「同窗共讀—男女相戀—外力介入—生死睽違—女方投墳—化蝶傳說」。然而徐克版「梁祝」加入諸多新的橋段,男女主角的性格也有些許差異。茲比較如下:

1、求學動機

「梁山伯與祝英台」開端,鏡頭由外而內拍攝,聚焦於祝府閉瑣的閣樓中。四方形的窗子象徵女子所受到的框

限，對照大街上熙來攘往學子的自由無礙，女性所承受的
閨閣禮教相對嚴密。為衝破性別秩序所帶來的限制，英台
女扮男裝，取得父母認可後至杭城讀書。片中的英台思慮
周詳、理性自主，是以對於孔老夫子「唯女子與小人為難
養也」的說法，深不以為然。

「梁祝」中的英台一開始即位於屋頂，眺望遼遠的世
界，遺世獨立的傲然，不受禮教規範的叛逆於焉展現。對
於功名利祿，英台始終抱持著疏淡的態度，因此對於梁山
伯汲汲於科舉也曾出言責難。不好文墨的他，為了家族連
姻的考量被父母送至崇綺書院，那綁在雙腳上的繩索無疑
是禮教束縛的象徵。主動／被動，好學／疏懶，在英台求
學的動機上，兩片存在著極端的差別。

2、虛實辯證

「梁山伯與祝英台」中梁山伯為十足十的呆頭鵝。十
八相送中無視祝英台的百般暗示，對於男裝的祝英台也無
特別情愫，卻在發現祝英台原為女紅妝之後，愛戀燎原。
愛情來的突然，呆頭鵝一變而為情聖的轉折亦不甚合理，
是以「梁祝」特別著墨於男女之情的曖昧與擺盪於禁忌之
愛的掙扎，讓梁祝生死相許的情感基礎更為厚實，更具說
服力。

「梁祝」融入同志議題，亭望春對山伯的示好引發山
伯對英台暗生情愫的戒慎恐懼。然而肺腑柔情早在日夜相
從中萌發，在山伯迴腸蕩氣的琴音中流洩。而一旦得知英
台為女兒身後，滿腔熱情不再禁錮抑遏，遂如滔滔洪流一

發不可收拾。黃梅調版中,山伯直到師母提點才恍然得知英台為女兒身;新版則山伯在書院求學之際,就在種種蛛絲馬跡中推敲出英台的真實身份,臨行送別之際兩人互訴情衷,同時已有肌膚之親。如此安排,一來轉化山伯之性格,由憨厚呆板而至活潑機敏,二來深化兩人的愛戀,強化殉情的合理性與渲染力。

3、主題意識

「梁山伯與祝英台」未標明故事發生時代,「梁祝」立足於上述文本的考證,將背景定於東晉。如果說「梁山伯與祝英台」的悲劇,是來自於父權對子女婚姻的宰制,是嫌貧愛富此負面人性下的產物,「梁祝」無疑企圖將幕後黑手拉高至政治的高度。東晉時期階級嚴明,片中祝英台是基於鞏固家族政治勢力才被迫易裝求學,是以即令山伯高中,貴為鄞縣縣令,卻仍無法與士族門當戶對的聯姻制度相抗衡。影片中那隱身未現的馬家,實是權勢和慾望的象徵。而祝母亦曾喬裝至書院讀書,並與同學相戀,然而最終屈服於現實嫁予權貴。母女相仿的生命歷程,顯現悲劇將累世輪迴,父權宰制的力量世代綿延,成為女性永不能掙脫的枷鎖。片中祝母的一番言論,適足以作為梁祝悲劇成因的註解:

> 你以為憤怒就會改變跟英台的命運,你以為很不滿胡人就會忍讓南邊的漢人。要怨就怨你們生錯了地方,生在我們這個漢室沒落的時候,人人都那麼虛偽、迂腐和勢利。要怨就怨你們太多想法,年少無

> 知到了以為你們不喜歡就可以改變周圍的人，以為
> 靠你們兩個就可以改變這個時代。

將個人命運與政治環境兩相縐合的企圖昭然可見。祝母從受害者變成加害者的轉變，更是令人欷歔不已。

經由影片的相互輝映，我們可釐清編導的詮釋路徑，辨析情節結構的差異與角色性格的轉變，進而覺知積澱於其中的深層意涵及現代意識。

（二）大風音樂劇場「梁祝音樂劇」

二〇〇三年出品，由楊忠衡擔任藝術總監暨編劇，李小平導演，鍾耀光作曲，辛曉琪、王柏森、洪瑞襄、黃士偉主演。

此作品結合東方與西方，現代與古典，融合了歌劇、音樂劇、傳統戲曲等元素，創造出雅俗共賞的「中國音樂劇」。在樂音和旋律的通感下，人物性格得以更強烈的展現。如「憨直的梁山伯，配樂就多以港劇配樂的形式呈現；祝英台則用百老匯如《歌劇魅影》配樂，襯托出她剛烈反叛的性格；而本劇顛覆傳統形象的馬文才，則設定成悲劇英雄般的浪漫曲風。」（謝孟釗：二〇〇五年十一月十一日〈大學報〉）

劇中英台向父親爭取就學權時，吶喊的唱出「我要把握這機會，展翅高飛」，可見其自主性和對自由的嚮往。而貫串全劇的馬文才，其形象也由紈袴無行一變而為深情執著。投墳化蝶一段運用色彩的差異區隔生／死、陽世／陰間，藉由悲／喜、分離／團圓形成的反差，凸顯人間至情

的可貴。凡此種種,均可見創作者立足古典,銳意創新的企圖。

此外,「蝴蝶夢—梁山伯與祝英台」以動畫形式呈現梁祝唯美的摯情,同時強化馬文才的逗趣喜感;香港劇作家杜國威則衍生出變奏,以舞台劇搬演梁山伯癡戀男裝祝英台的同志情誼。多元的藝術型態,多樣的內容呈現,「梁祝故事」就在不斷的改編、再生、重新詮釋中,展現其蓬勃的生命力。

四、對照於他者

異質文化之間的對話與溝通,有助於剖析不同文化的底蘊。運用跨文化的視角,更能觀照不同的文化心理規範和鑄塑下作品的差異,進而掘發文學的獨特性。準此,教師可將不同地域、母題相仿的作品加以相勘,藉以擴充學生的視野。

(一)羅蜜歐與茱麗葉

〈羅蜜歐與茱麗葉〉為莎士比亞名著之一,其和〈梁山伯和祝英台〉在主題和情節上有諸多雷同。洪欣曾說兩者有著五大相似之處:「第一,男女主人公都是邂逅相會,自由戀愛的。第二,男女主人公的愛情都潛伏著危機。第三,他們的愛情都有人從中成全。第四,同樣遭到反動勢力的破壞和摧殘。第五,兩者都是終成慘劇。」(〈梁祝〉、〈羅蜜歐與朱麗葉〉比較說)整體而言,兩個故事男女主人翁均深情不渝,愛情路卻備受阻撓,最後雙雙殉情而亡,

以寶貴的生命演奏真愛無敵這動人心弦的主旋律，是中西方愛情的哀豔悲歌。然而兩作品國度不同、作者不同、體裁不同，在文化土壤迥異的情況下，勢必產生不同的美學觀念和悲劇意識。

羅蜜歐與茱麗葉愛得熱烈奔放，無所顧忌，充分展現文藝復興時期追求個性解放的人文主義精神。梁山伯和祝英台則愛的深沈含蓄，理性節制，具體呈現儒家「發乎情、止乎禮」的中庸之道。前者的悲劇是由一連串陰錯陽差的不幸巧合所構成，羅蜜歐因沒有收到勞倫斯神父的來信，誤以為茱麗葉已死而服藥身亡，茱麗葉則在痛失愛侶後自刎。後者的悲劇則是由於封建社會的宰制，個人雖有心反抗卻仍遭到環境無情的吞噬。然而相較於西方戀人以「光」來相互比況，以「火星的閃爍」來註解愛情，以「電光」來昭示婚姻的轉瞬即逝，一再地運用「光」的意象表現絢麗卻短暫的愛情，演繹純悲劇的結局；梁祝的悲劇風格則呈現悲喜交融的感情色調，以化蝶團圓式的浪漫想像，稀釋生命終結的悲傷。

茲將兩者之差異表列如下：

項　目	〈梁山伯與祝英台〉	〈羅蜜歐與茱麗葉〉
主角性格	梁山伯：耿直、木訥 祝英台：純真、執著	羅蜜歐：直率、衝動 茱麗葉：熱情、自主
感情基礎	三年同窗，情誼深濃 （友情→愛情）	舞會相識，一見鍾情
情感表現	溫情，含蓄委婉	激情，大膽直露

悲劇成因	父權宰制、階級意識	累世宿怨、機緣巧合
故事結局	悲中帶喜 （化蝶，象徵性團圓）	純悲式結尾
重要意象	蝴蝶	光

（二）寶萊塢生死戀

　　二〇〇二年出品，桑傑里拉班薩里導演，沙魯克罕、艾許維亞瑞伊主演。故事敘說德皁達和帕蘿本是青梅竹馬的愛侶，卻因階級的差異和小人的離間被迫分離，無法共結連理。帕蘿後嫁入豪門，德皁達則沈湎於酒國之中，雖然有紅顏知己嬋佐穆琪無微不至的照顧，卻始終難忘心中摯愛。德皁達因貪杯酗酒身體羸弱，病危之際，一息尚存的他前來見帕蘿最後一面……。

　　本片以堂皇絢麗的場景、華麗奪目的歌舞，鋪敘淒美動人的愛情。與「梁祝故事」合觀，更可見「男女相戀—外力介入—生死睽離」的愛情公式，中外古今有著跨時空的融通。

參、結　語

　　「梁祝故事」混淆性別角色、追求婚戀自由、反抗父權壓迫、挑戰階級意識。在性別錯置中塗抹著父權／女權、學堂／閨房、富貴／貧窮、禮教／解放、階級／平等、門當戶對／門不當戶不對、媒妁之言／自由戀愛等二元對立

觀念（李慧馨：〈媒體藝術訊息形式與意義的研究—以黃梅調電影「梁山伯與祝英台」為例〉），體現人們衝破封建藩籬的不屈意志，千百年來始終閃耀著熠熠輝光。

　　亞里斯多德以為：「悲劇，是對一件重要的、完整的、頗有規模的行為的模擬，它使用善化的語言，分用各種藻飾於劇中各部，它以行為的人來表演而不作敘事，並憑藉激發憐憫與恐懼，以促使此類情緒的淨化。」（《詩學》）梁祝的愛情感天動地，綿亙久遠，愛，是梁祝生命的終極歸宿與意義。因著愛情，他們不求同生，但求共死，同時又在化蝶如此奇譎瑰麗的想像中重生與長生。

　　然則以生命作為轟烈愛情的祭品，以死亡祭奠愛情的偉大，是否有其價值和必要？在悲劇的結局之外，是否有其他更圓滿的選項？經由此故事，讓我們在聲聲浩嘆「問世間，情為何物，直教生死相許」的同時，得以更進一步思考愛情的本質。是以教師在教學時，應引導學生洞悉故事與世情的關連，透視作品的現代意義，並進一步和自我主體相對話，覃思「梁祝故事」的愛情啟示。（原載於《中國語文》第 636 期）

蝴蝶的愛戀——梁祝故事

古代民間四大愛情傳說

孟姜女、牛郎織女、梁山伯與祝英台、白蛇傳

◎孟姜女：

漢・劉向《列女傳》記：「齊杞梁殖戰死，其妻哭於城下，十日而城崩。」又唐（佚名）《琱玉集》記「秦時有燕人杞良，娶孟超女仲姿為妻，因良被築長城官吏所擊殺，仲姿哭長城下，城即崩倒。」

◎牛郎織女：

牛郎織女的傳說始於《詩經・大東》：「跂彼織女」、「睆彼牽牛」的記載。《古詩十九首・迢迢牽牛星》已稱牛郎織女為夫妻。東漢・應劭《風俗通》逸文：「織女七夕當渡河，使鵲為橋，相傳七日鵲首無故皆髡，因為梁（註：橋）以渡織女也。」故事已初步形成，並與七夕習俗相結合。

★補充：七世夫妻

萬杞良與孟姜女	（略）
梁山伯與祝英台	（略）
郭華郎與王月英	郭華郎與王月英……兩人的愛情遭逢阻礙……一方有柳元紅的刺繡……兩人密約在土地祠廟會……只見王月英的一隻繡鞋與憑思詩句，情事不遇，兩人均因風累與相思而成疾，雙雙殉情。
王十朋與錢玉蓮	由父母相親為婚姻。及後，王十朋中了新科狀元，先以石刻假婚書，後王十朋背妻而疑他……寄語玉蓮。誰料玉蓮不堪權勢威逼，留下遺書與花箋，投江自盡。王十朋後為歸……—合解失矣。
商琳與秦雪梅	明朝的秦商與商定國為好訂婚，商琳後以家道中落，常居秦家讀書，見秦雪梅，無心念書與神思恍惚，一病不起……雪梅悶死……
韋燕春與賈玉珍	在白雲庵的韋燕春與賈玉珍相遇，見賈玉珍身姿好……心生愛慕……兩人相約三更在觀後相會……
李奎元與劉瑞蓮	李奎元生逢訪里，巧逢劉瑞蓮……撲在李奎元身旁……「送入洞房，成就了百年姻好」。（明末清初）

蝴蝶愛戀—〔梁祝故事〕

※故事溯源

＊宋・張津等撰《乾道四明圖經》

卷二〈鄞縣志〉「冢墓條」

義婦冢，即梁山伯、祝英台同葬之地，在縣（鄞縣）西十里接待院之後，有廟存焉。舊記謂：比及三年，而山伯初不知英台之為女也，其樸質如此。按《十道四蕃志》云：義婦祝英台與梁山伯同冢，即其事也。

▲此有關「梁祝故事」的記錄，對於二人身處朝代、生平事蹟、何以合葬則付之闕如。文中引初唐時梁載言《十道四蕃志》（今已佚），但可見初唐時即有梁祝合葬之說。

★故事流傳

＊晚唐・張讀《宣室志》（錄自清 翟灝《通俗編》）

（亦現存《宣室志》某些前後文字，此段文字錄自清代翟灝《通俗編》卷三七「梁山伯訪友」條。翟灝自言引自《宣室志》。）

英台，上虞祝氏女，偽為男裝遊學，與會稽梁山伯者同肄業。山伯，字處仁。祝先歸。二年，山伯訪之，方知其為女子，悵然如有所失。告其父母求聘，而祝已字馬氏子矣。山伯後為鄞令，病死，葬鄮城西。祝適馬氏，舟過墓所，風濤不能進。問知山伯墓，祝登號慟，地忽自裂陷，祝氏遂並埋焉。晉丞相謝安奏表其墓曰「義婦冢」。

故事已見雛形：

英台男裝遊學、梁祝同窗共硯、英台婚訂馬氏、山伯求親未果、山伯不幸病逝、英台哭墓並埋。

＊明・徐樹丕《識小錄》卷三

梁山伯祝英台，皆東晉人。梁家會稽，祝家上虞，情好甚密。祝先歸，梁後過上虞尋訪，始知為女子。歸告父母，欲娶之，而梁已許祝氏子矣。梁悵然不懌，誓不復娶。後三年，梁為鄞令，病死，遺言葬清道山下。又明年，祝為父逼，過馬氏，舟阻莫能進。會適梁葬處，風波大作，舟不能進，祝乃造梁冢，失聲哀慟，塚忽裂，祝投而死焉，塚復自合。馬氏聞其事於朝，太傅謝安請贈為義婦。和帝時，梁復顯靈異助戰伐，有司立廟於鄞縣。廟前橋二柱相抱，有花蝴蝶，橘蠹所化也，婦孺以梁祝稱之。按梁祝事異矣，《金樓子》、《會稽異聞》皆載之。夫女為男裝，牽矣，然始終不亂，終能不變，精神之極，至于神異，宇宙間何所不有，未可以為誕。

朝代	晚唐·張讀《宣室志》	明·徐樹丕《識小錄》
		東晉
英台男裝遊學	英台，上虞 祝氏女，偽為男裝遊學	
梁祝同窗共硯	與會稽 梁山伯者同肄	葉家會稽，祝家上虞，情好甚密
英台婚訂馬氏	祝已字馬氏子矣	祝已許馬氏子矣
山伯來訪未果	二年，山伯訪之，方知其為女子……告其父母求聘	歸告父母，欲娶之，祝悵然不樂，誓不復娶
山伯不幸病逝	山伯後為鄞令，病死	後三年，梁為鄞令，病卒
英台冥墓遷埋	祝適馬氏，舟過墓所，風濤不能進，問知山伯墓，祝登號慟，地忽自裂陷，祝氏遂並埋焉	祝為父所逼，適馬氏，累欲求死。會過葉墓所，風濤大作，舟不能進，祝出視塚，失聲哀慟塚忽裂，祝投而死焉，塚復自合

★故事完成

＊完整的「梁祝故事」見於明·馮夢龍《古今小說》卷28〈李秀卿義結黃貞女〉的入話，加入英台好學、兄嫂反對、男裝求學、與山伯義結金蘭等，在故事結局引入化蝶情節：

明年，英台出嫁馬家。行至安樂村路口，忽然狂風四起，天昏地暗，興人都不能行。英台舉眼觀看，但見梁山伯飄然而來，說道：「吾為思賢妹，一病而亡，今葬於此地。賢妹不忘舊誼，可出轎一顧。」英台果然走出轎來。一舉響亮，地下裂開丈餘。英台從裂中跳下；眾人扯其衣服，如蟬脫一般，其衣片片而飛。頃刻天清池明，那地裂處，只如一線之細；歌嫋處，正是山伯墳塋。乃知生為兄弟，死作夫妻。再看那飛的衣服碎片，變成兩般花蝴蝶。傳說是二人精靈所化，紅者為梁山伯，黑者為祝英台。

◎補充：梁祝化蝶之說

＊上溯至南宋末咸淳年間《毘陵志》所載：「祝陵，在善權山……昔有詩云：『蝴蝶滿園飛不見，碧鮮空有讀書壇』。」此詩之後，史能之評道：「俗傳英台本女子，幼與山伯共學，後化為蝶。」
→可見化蝶之說於南宋 度宗時期即已流傳

＊如何化蝶？
・《古今小說》言英台投墳時，眾人扯其衣裳，脫落的衣服在空中飛舞化為兩蝶。
・馮夢龍《情史》言：「衣在火中化為兩蝶。」
→化蝶的浪漫想像，擺脫人為外力的操弄，突破人間生死的侷限，象徵不渝的情愛。文學作品中，死後精魂化身長相廝守的例子所在多有。
如：〈孔雀東南飛〉、〈搜神記·韓憑夫婦〉

◎相較《宣室志》的記載，此段文字明確點出「梁祝故事」的發生時代：東晉。又多了馬氏聞事於朝、梁氏顯靈助戰、有司立廟於鄞、廟前橘蠹化蝶的情節。

◎《識小錄》中梁祝戀情較為深刻，強調英台「為父所逼」、「累欲求死」的無奈與悲痛，強化其「投而死焉」的主動性與必死的決心。

※《識小錄》提及《金樓子》、《會稽異聞》載有此事。本《金樓子》為梁元帝蕭繹所作，明代即已散亡，今本乃由《永樂大典》輯錄而成，不見關於梁祝文字；《會稽異聞》現已亡佚。若徐樹丕記載屬實，可見「梁祝故事」於南朝梁時即已流傳。

◎補充：《古今小說·李秀卿義結黃貞女》

明末馮夢龍（西元1574~1646）《古今小說》卷二十八〈李秀卿義結黃貞女〉。為了帶入「正話」裡明代隨父外出經商的黃善聰，於「入話」時先敘述花木蘭、祝英台、黃崇嘏的故事。這篇小說首見以這四位女扮男裝形象為主軸，雖非出自馮夢龍原創，然由於拔擢角色跨越魏晉南北朝、唐代至明代，足以綜觀時代思潮與禮教寬鬆的脈動，同時內容也呈現了馮夢龍有別於主流性別規範對女性愛情與才智的見解，可見馮氏對禮教與情教之間的衝突矛盾進行修正調解。

五代前蜀黃崇嘏女扮男裝考上狀元，在治理案件中，有傑出的表現，獲得承相周庠賞識，欲將女兒崇嘏許配黃崇嘏。遭此難題，黃崇嘏再也無法掩飾女兒身，於是寫一首辭謝詩，說：「一辭拾翠碧江濱，貧守蓬茅但賦詩。自服藍衫居郡椽，永拋鸞鏡畫峨眉。立身卓爾青松操，挺志鏗然白璧姿。慕羽若容借挽鹿，須知攀桂棄男兒。」周庠得知後，不但沒有怪罪，反而將黃崇嘏許配給狀元之子周鳳羽。

★補充：《搜神記·韓憑夫婦》

宋康王舍人韓憑，娶妻何氏，美，康王奪之。憑怨，王囚之，論為城旦。妻密遺憑書，繆其辭曰：「其雨淫淫，河大水深，日出當心。」既而王得其書，以示左右，左右莫解其意。臣蘇賀對曰：「其雨淫淫，言愁且思也；河大水深，不得往來也；日出當心，心有死志也。」俄而憑乃自殺。

＊論為城旦：定其（韓憑）罪罰，白天築城、夜晚守邊。
＊繆其辭：指故意把話說得隱晦曲折。
＊其雨「淫淫」：細雨綿綿的樣子。

其妻乃陰腐其衣，王與之登臺，妻遂自投臺；左右攬之，衣不中手而死。遺書於帶曰：「王利生，妾利其死，願以屍骨賜憑合葬！」王怒，弗聽，使里人埋之，冢相望也。王曰：「爾夫婦相愛不已，若能使冢合，則吾弗阻也。」宿昔之間，便有大梓木生於二冢之端，旬日而大盈抱，屈體相就，根交於下，枝錯於上。又有鴛鴦雌雄各一，恆棲樹上，晨夕不去，交頸悲鳴，音聲感人。

宋人哀之，遂號其木曰相思樹；相思之名，起於此也。南人謂此禽即韓憑夫婦之精魂。今睢陽有韓憑城，其歌謠至今猶存。

＊陰腐其衣：指暗中將自己的衣服弄腐朽。
＊衣不中(ㄓㄨㄥˋ)手：衣服禁不住拉扯。

★跨界——文學&影像

＊黃梅調版〔梁山伯與祝英台〕（1963年）

＊徐克〔新梁祝〕（1994年）

＊大風音樂劇場〔梁祝音樂劇〕（2003年）

電影〔梁山伯與祝英台〕

- 黃梅調版梁祝（1963年）

  情節概要：

  喬裝治病、草橋結拜、書院生活、十八相送、造訪英台、樓台相會、哭墳化蝶

＊雖是早期的電影，在場景處理等手法上亦見用心之處，如閣樓上的繡房對應著樓下樓閣之外的市集，形成二個世界，而英台走出屬於女性的世界，自有其時代意義，更具普遍意義。

- 徐克新梁祝（1994年）

  編導企圖以不同的映像美學重述悲戀故事，傳達新世代對於真愛的感知。在「梁祝小提琴協奏曲」配樂中，梁祝相識、相知、相許、分離、化蝶。

◎電影版主題曲https://www.youtube.com/watch?v=YWj91HjA0rI
◎梁祝MVhttps://www.youtube.com/watch?v=9sFwuqexRIE

德・伊瑟爾：文本的召喚結構
朱立元：《接受美學》III
作品文本潛藏若干不確定性、空白、空缺、否定性，在在召喚讀者充分發揮再創造的才能，或進行創造性填補，或從事想像性連接，這就是文學作品召喚性的含義，而不確定性與空白，便是文學作品具有召喚性的原因。

影像閱讀與思考：

角色形象
意象隱喻
主題義蘊

★徐克【新梁祝】主要情節內容
*英台於屋頂眺望遙遠的世界。
*為了家族連姻考量被父母送至崇綺書院。
　「路怎麼走，你自己想吧！」「再走，你就出去了，回來！」
*桃花盛開，英台乘著春風，來到和山伯緣聚之地。
*書庫初識，同床共眠，一碗水，見證無猜無忌。
*敲鐘，擠眉弄眼，你望著我，我望著你。
　夜讀，山伯認真，英台不明所以。
*頭懸標，錐刺股，齊心共過考試關。
*一提醒英變「虛」，一褟勵英變「實」。
*英台罰站，潸然淚下，山伯緣強，情愫萌動。
*一件襪帷，困惑全解。描眉化妝，癡情凝望。
*依依不捨，亂就亂吧，相悅相許。

*父母之命，媒妁之言，還有對稱的門第。一場沉痛哀傷
　的樓臺會，互訴衷情，面對現實。
*怎麼辦？逃吧，那怕只剩一線生機。
*棒打鴛鴦兩分離。
　這廂，山伯傷重，血濺信紙，不甘而逝。
　那廂，英台倚窗盼信息，肝腸寸斷呼蒼天。
*鮮紅嫁衣下，早已穿好的麻衣素服，淚水雨水，洗去一
　切矯飾。字字血，聲聲淚，烏雲滿天，狂風疾起，墳墓
　裂開，英台投墳。
*風和日麗，一對蝴蝶，翩翩雙飛。

祝英台	梁山伯
⊙出身名門大戶	⊙出身沒落士族
→抓蝴蝶、屋頂遠眺	→勤學求仕、慈厚模質
→無憂無慮，清純活潑	⊙同窗相識
→不諳琴棋書畫	→文采巧遇，情誼漸生
⊙入書院，識山伯	→助作弊，陪複習，成知己
→有情有義	→英台受討，琴音傳情
→敢愛敢恨	→離別之際，私訂終身
⊙泣血出閣	⊙樓臺相會
⊙祭墳投塚	⊙悲憤殉亡
★角色形象與特質的塑造： 肖像描寫、言語描寫、行為描寫、心理描寫	

〔梁山伯與祝英台〕&〔新梁祝〕

◎求學動機
*「梁山伯與祝英台」開端，鏡頭由外而內拍攝，聚
　焦於祝府閨閣中。四方形的窗子象徵女子所
　受到的框架，對照大街上熙來攘往學子的自由無礙
　，女性所承受的閨閣禮教相對嚴密。
*「梁祝」中的英台一開始即位於屋頂，眺望遙遠的
　世界，遺世獨立的必然，不受禮教規範的叛逆於焉
　展現。對於功名利祿，英台始終抱持著疏淡的態度
　，因此對於梁山伯汲汲於科舉也曾出言責難。
*主動／被動，好學／疏懶，在英台求學的動機上，
　兩片存在著極端的差別。

〔梁山伯與祝英台〕&〔新梁祝〕

◎處實辯證
*「梁山伯與祝英台」中梁山伯是十足十的呆頭鵝。
　十八相送中無視英台的百般暗示，對於男裝的祝
　英台也無特別情愫。
*「梁祝」融入同志議題，亭望春對山伯的示好引發
　山伯對英台暗生情愫的戒慎恐懼。
*黃梅調版中，山伯直到師母提點才恍然得知英台為
　女兒身；新版則山伯在書院求學之際，就在種種蛛
　絲馬跡中推測出英台的真實身份，臨行送別之際兩
　人互訴情衷，同時反板而活潑機敏。如此安排，一來
　轉化山伯之性格，由慈厚呆板而至活潑機敏，二來
　深化兩人的愛戀，強化殉情的合理性與渲染力。

〔梁山伯與祝英台〕&〔新梁祝〕

◎主題意識
*「梁山伯與祝英台」未標明故事發生時代，「梁
　祝」立足於上述文本的考證，將背景定於東晉。
*「梁山伯與祝英台」的悲劇，是來自於父權對子
　女婚姻的宰制，是嫌貧愛富此負面人性下的產物，
　「梁祝」無疑企圖將幕後黑手拉高至政治的高度。
*影片中那隱身未現的馬家，實是權勢和慾望的象
　徵。
*表現勇敢的反抗精神和對美好愛情的追求。

★祝母（單玉婷）：

「你以為憤怒，就會改變跟英台的命運，你以為很不滿，迫人就會忍讓南邊的漢人。要怨就怨你們生錯了地方，生在我們這個漢室沒落的時候，人人都那麼虛偽、迂腐和勢利。要怨就怨你們太多想法，年少無知到了以為你們不喜歡就可以改變周圍的人，以為靠你們兩個就可以改變這個時代。」

* 祝母亦曾喬裝讀書，最終屈服於現實嫁予權貴，從受害者變成加害者，令人欷歔。
* 母女相仿的生命歷程，顯現悲劇的累世輪迴，父權宰制的力量世代綿延，成為永難掙脫的枷鎖。

★俯拾即是的意象隱喻：

* 臺詞對白：
  · 祝母：「路怎麼走，你自己想吧！」
  　　　　「再走，你就出去了，回來！」
  · 英台：「我們翻過這座山吧！」
  · 若虛和尚與祝夫人的對話：
  　「這池裏的魚，我想你該將他們放生。」
  　「放他們出去，外面環境這麼惡劣，適應不了他們會死的。」
  　「變得不適應，因為他們原本來自大江大海，世上根本不該有池塘。」
* 影片中的詩詞

★俯拾即是的意象隱喻：

* 蝴蝶
  　瓶中蝴蝶→放生（自由）
  　紙上蝴蝶→化蝶（透過若虛大師之手→解脫）
* 祝英台腳上的繩子
* 梁山伯、祝英台彈琴
* 官宦家族盛行的化粧

※補充：數粉
　◎漢代時，就有男子數粉的習俗。《漢書·廣川王劉越傳》云：「前宮工畫望歲卒，望塑粗稿傳粉其旁。」《漢書·佞幸傳》云：「孝惠時郎侍中皆傅脂粉。」《後漢書·李固傳》稱其：「固獨胡粉飾貌，搔首弄姿。」
　◎魏晉南北朝，男子敷粉更盛。朝代優隆《鴻苞節錄》曾云：「晉唐門第，如何晏、士大夫子持粉白，口劉清言，粹約嫣然，動相矜詡，厥勢横而淫猥。」北齊顏之推《顏氏家訓·勉學》記錄當時，人們「無不熏衣剃面，傅粉施朱……」

※《詩經·關雎》

關關雎鳩，在河之洲。窈窕淑女，君子好逑。
參差荇菜，左右流之。窈窕淑女，寤寐求之。
求之不得，寤寐思服。悠哉悠哉，輾轉反側。
參差荇菜，左右采之。窈窕淑女，琴瑟友之。
參差荇菜，左右芼之。窈窕淑女，鐘鼓樂之。

首章四句見物起興，寫自己的愛慕與想望。《論語·八佾》：「《關雎》樂而不淫，哀而不傷。」綜觀全詩充滿著浪漫情懷，寫思慕、寫追求、寫嚮往，深刻細微而不失理性平和，感情熱烈又不陷於難以自拔的痛苦呻吟。

※〈湘君〉

* 《楚辭·九歌》的篇名。戰國屈原所作，為楚人祭祀湘水神的樂歌。詩作以湘夫人語氣寫出，寫她久盼湘君不來而產生的思念和怨傷之情。

「君不行兮夷猶（遲疑不決），蹇（發語詞）誰留兮中州（水中陸地），美要眇（一ㄠ ㄇㄧㄠˇ 精微美好的樣子）兮宜修（恰到好處的修飾），沛吾乘兮桂舟。令沅湘兮無波，使江水兮安流。望夫君兮未來，吹參差兮誰思！……」

湘君啊你猶豫不走，因誰停留在水中的沙洲？為你打扮好美麗的容顏，我在急流中駕起桂舟。下令沅湘風平浪靜，讓江水緩緩而流。盼望你來你卻沒來，吹起排簫為誰思情悠悠？

※《詩經·陳風·澤陂》

彼澤之陂，有蒲與荷。
有美一人，傷如之何？
寤寐無為，涕泗滂沱。

一位女子或男子在水澤邊思念其心上人的情歌。全詩三章，每章六句，每章意思基本相同，都是敘述主人公看見池塘邊的香蒲、蘭草、蓮花，便想到自己戀慕的心上人，不禁心煩意亂，情迷神傷，晚上睡不著，於是一腔愁悶，發而為歌。

※《詩經‧陳風‧月出》

月出皎兮，佼人僚（美好）兮；
舒（無義）窈糾（女子行走體態美）兮，勞心悄（憂愁）兮。

月出皓兮，佼人懰（カーヌ∨，美好）兮；
舒懮（一ヌ∨，憂閒貌）受兮，勞心慅（ち么∨，不安）兮。

月出照兮，佼人燎（明亮）兮；
舒夭紹（輕曼多姿）兮，勞心慘（焦躁）兮。

> 每章第一句以月起興，第二句寫美人容色之美，第三句寫其行動委態之美，末句寫詩人自己因愛慕彼美人而心動不能自寧。

《天龍八部》第三十四回〈風驟緊、縹緲峰頭雲亂〉

烏老大一聲嘆息，突然身旁一人也是「唉」的一聲長嘆，悲涼之意，卻強得多了。眾人齊向嘆聲所發處望去，只見段譽雙手反背在後，仰天望月，長聲吟道：「月出皎兮，佼人僚兮；舒縹糾兮，勞心悄兮！」他吟的是《詩經》中《月出》之一章，意思說月光皎潔，美人娉婷，我心中慈思縈舒，不由得憂心悄悄。四周大都是不學無術的武人，怎懂得他的詩云子曰？都向他怒目而視，怪他打斷烏老大的話頭。

王語嫣自是懂得他的本意，生怕表哥見怪，偷眼向慕容復一瞥，只見他全神貫注的凝視烏老大，全沒留意段譽吟詩，這才放心。

音樂劇〔梁山伯與祝英台〕（2003辛曉琪版）

- 結合東方與西方，現代與古典，融合了歌劇、音樂劇、傳統戲曲等元素。
- 人物形象——
  - 祝英台：自主意識的強化
  - 梁山伯：慇直深情的代表
  - 馬文才：顛覆傳統的形象

http://www.youtube.com/watch?v=cOBlqz0-CLo
https://www.youtube.com/watch?v=Ewd1K8XYWic

※梁祝音樂劇的反思

* 一個故事在流傳過程中，必然會符合不同時代人們的價值取向，也必然會不斷修修剪剪。
* 黃梅調梁祝，祝父是個老頑固、馬家象徵金錢和權勢、馬文才是個爛才子，其形成的壓力變得單純而理所當然。若祝父的嚴格其實是出自對子女的關懷、對世事的認同（或體悟），梁山伯和馬文才成為兩種相對的「好」，馬文才具備所有傑出的條件，代表外在物質的富足，梁山伯一無所有，有的只是「真」，二者孰「優」～～
★ 傳奇之所以能流傳，並非在於其故事的離奇古怪，而在於能夠反映普通人民深切的情懷和想望。

梁祝故事多元詮釋

★ 傳統詮釋：在性別錯置中塗抹著多重二元對立觀念，體現人們衝破封建藩籬的不屈意志

父權／女權	學堂／閨房
富貴／貧窮	禮教／解放
階級／平等	門當戶對／門不當戶不對
媒妁之言／自由戀愛	

★ 另類思考
* 吳若權〈梁山伯逼死祝英台〉
* 李碧華〈梁山伯自白書〉〈祝英台自白書〉

※李碧華〈梁山伯自白書〉（節錄）

我對不起英台——
其實我一早便知道她是女兒身。
不過自古以來，便已受到禮記的教訓。《曲禮》中說，男女之別，要嚴加防犯，只是男女，衣服架子不共用，叔嫂不通音訊。外來者不得進入閨房以內……
所以一旦揭穿了，我還能與她共處一室嗎？
我雖是書呆子，這淺顯的道理也是曉得的。
想起那日傾蓋結拜。柳蔭把了細雨，青草可人，我便提議與她結為兄弟，一般男子，瞇便瞇。只見送人，瞇也瞇得具樣，無端搖擺一下腰肢，於此細微之處，今我起疑。

    我倆朝夕相處同游共息，轉瞬近三年了。
　　——我又敗妳穿，深怕這忘曖昧的好日子，被一語道破，面臨結局。

　　——敬告各位，本人乃為面子而死，決非殉情，千秋萬世，切莫混樂誤等。
    永訣矣。

〈離思〉　元稹

曾經滄海難為水，除卻巫山不是雲。
取次花叢懶回顧，半緣修道半緣君。

張曼娟：「有過這樣一場無可取代的愛戀，到底是一種幸福？成是一個咒詛呢？當我們在愛的時候，專注熱烈，心無旁騖，沒有其他的人可以干擾介入，這就是每個人渴求的，愛情最珍貴的部分，確定一種幸福。可是，與愛情離別以後，若仍愛著這段情感的困縛，不肯掙脫，那麼，不論經歷怎樣的人生行腳，失去了愛與新生的能力，都只是無望的傷悼之旅，宛如咒詛，令人嘆息。」（《愛情，詩流域》）

結局，可以不同……

★元稹〈鶯鶯傳〉：

◎張生游於蒲，蒲之東十餘里，有僧舍日普救寺，張生寓焉。適有崔氏孀婦，將歸長安，路出於蒲，亦止茲寺。

＊待月西廂下，迎風戶半開。
　拂牆花影動，疑是玉人來。

＊凡天之所命尤物也，不妖其身，必妖於人。
　余之德不足以勝妖孽，是用忍情。

＊棄置今何道，當時且自親。
　還將舊時意，憐取眼前人。

淺談比較閱讀法
——以《筆說·賣油翁》與《歸田錄·賣油翁》爲例

汪文祺

壹、前　言

　　比較閱讀法，是指將內容或形式上有一定聯繫的材料加以對照，進行比較分析的閱讀方式，可以是同一時代的同類作品的比較，也可以是同一時代的不同作品的比較；可以是題材類似表現形式不同的作品的比較，也可以是題材不同表現形式類似的作品的比較；可以是同一時代不同作家的比較，也可以是同一作家不同時代的作品的比較，只要是具有可比性的作品，都可以進行比較閱讀。本文以《筆說·賣油翁》與《歸田錄·賣油翁》為例，說明這種閱讀方法在語文學習上可以獲致的一些成效。

　　對照閱讀這兩篇〈賣油翁〉，一方面可驗證歐陽修「不畏先生嗔，卻畏後生笑」的為文態度，一方面可突出文章修改前後的歧異之處，推敲修改用意，呈顯以同

一故事題材，不同的書寫表現。這樣的閱讀方法，有利
於鑒賞能力的提高，也可作為學習古文寫作的參考。

貳、兩文對照

《筆說・賣油翁》	《歸田錄・賣油翁》
往時陳堯咨以射藝自高，	陳康肅公堯咨善射，當世無雙，公亦以此自矜。
嘗射於家圃。	嘗射於家圃，
有一賣油翁釋擔而看，射多中。	有賣油翁釋擔而立，睨之，久而不去，見其發矢十中八九，但微頷之。
陳問：「爾知射乎？吾射精乎？」	康肅問曰：「汝亦知射乎？吾射不亦精乎？」
翁對曰：「無他能，但手熟爾。」	翁曰：「無他，但手熟爾。」
陳忿然說：「汝何敢輕吾射！」	康肅忿然說：「爾安敢輕吾射！」
翁曰：「不然，以吾酌油可知也。」	翁曰：「以吾酌油知之。」
乃取一葫蘆，設於地，置一錢，以勺酌油，瀝錢眼中入葫蘆，錢不濕。	乃取一葫蘆，置於地，以錢覆其口，徐以勺酌油瀝之，自錢孔入，而錢不濕。
曰：「此無他，亦熟耳。」	因曰：「我亦無他，惟手熟耳。」
陳笑而釋之。	康肅笑而遣之，此與莊生所謂解牛、斫輪者何異。

參、比較分析

比較閱讀，須先確立比較點，再運用類比和對比的方法，找出相同點，突出不同處。以下就兩篇文章在人物刻畫、情節關合、主題呈現、語言運用等方面進行比較分析。

一、人物的刻畫

《歸田錄·賣油翁》一文中，不直呼「陳堯咨」而稱「陳康肅公堯咨」，即概括說明了陳堯咨的身分、地位，如此一來，可以推知其習氣、話語必不同於尋常百姓，這個稱謂的改換真是以小見大，匠心獨運。又採用誇張的手法（「善射，當世無雙，公亦以此自矜」），描述陳堯咨自豪的情態和心理，渲染其自負矜誇的性格特徵。接著陳堯咨詢問賣油翁「亦知射乎」，一個「亦」字，驕傲之態溢於言表。再加以反問的語氣，盛氣凌人，於是一個狂傲的形象躍然紙上。

故事的另一個主角為「賣油翁」，上了年紀、閱歷頗深的平民形象和陳堯咨形成對比。在賣油翁觀看陳堯咨射箭的情節中，《歸田錄·賣油翁》多了「睨之」、「微頷」表情動作的勾勒，運用特寫，顯示人物的微部

動態，讓讀者洞察賣油翁心理活動的變化，除了不慍不火的沈穩表現之外，還包含對陳堯咨驕矜的不以為然。細膩的刻繪，塑造了一個貌似平常，卻老練穩重、身懷絕技的老人形象。

兩篇文章對於人物的刻畫，運用了許多描寫技巧，如語言描寫：「汝何敢輕吾射！」（「爾安敢輕吾射！」）短促的質問，咄咄逼人，人物的蠻橫形象鮮活浮現；賣油翁答以「無他（能），但手熟爾」，沈著招架，體現其謙虛耿直的性格。故事中陳堯咨由浮躁的「忿然」情緒，轉而為「笑」的自慚神態，這些肖像描寫（面部表情），透露著他的心理活動，由遭人否定的暴怒，轉成對賣油翁的心悅誠服，「笑」而不語，表現了他的矜持，更顯示著他的有所領悟與自我解嘲。然而，兩相對照之下，《歸田錄‧賣油翁》對於人物描繪較為細緻入微，使得故事角色的形象更加生動，對比更為鮮明。

二、情節的關合

閱讀敘事作品時，把握住事件的發生、演變與結果，便可對全文有基本的理解。兩篇〈賣油翁〉符合情節基本結構：開端（善射、以此自矜→釋擔而看、久而不去）、發展（反問→回答）、高潮（忿然→酌油）、結局（笑而遣之），結構完整，衝突集中，曲折有趣。但《筆說‧賣油翁》的描述較為簡略，《歸田錄‧賣油翁》鋪寫得較為詳細。

　　在賣油翁觀射的情節中，《歸田錄‧賣油翁》描寫賣油翁「睨之」、「微頷」的表情神態，「久而不去」的時間交代，自然會引起陳堯咨的注意，同時也引發讀者的懸念。細寫這段情節，營造了生動的場景，使得下文兩人的對話有了內在的邏輯聯繫，從而推動後續的情節。又加了「其發矢十中八九」，具體描述陳堯咨射箭的命中率，交代了賣油翁「微頷之」的原因，也回應了開頭「陳康肅公堯咨善射，當世無雙」，使得文章前後照應，意脈相連。

　　故事的主角是賣油翁，敘寫陳堯咨的善射，是為了陪襯賣油翁的善酌，因此，兩篇作品在描寫陳射技之精湛時只作概括交代，主要筆墨放在賣油翁酌油的現場操作，在情節剪裁上詳略得宜。然而，整體說來，《歸田錄‧賣油翁》在故事情節的鋪寫上還是比較細膩，且前呼後應，關合緊密，使文章顯得神凝形聚，入情入理。經由比較，可以掌握兩篇文章在情節鋪陳上的表現，從中學習組織人物、事件，謀篇布局的技巧。

三、主題的呈現

　　主題的揭示往往是通過人物、事件、情節的敘述和描寫，兩篇〈賣油翁〉描述賣油翁自錢孔瀝油的事件，主要是說明「熟能生巧」的道理。然而，《歸田錄‧賣油翁》在文章開頭突出陳堯咨的自負，為作者要強調的主旨之一——有一技之長並不值得誇耀——從反面作好

了鋪墊，使主題多了一層「謙遜」的內涵。而在結尾加上議論：「此與莊生所謂解牛、斫輪者何異」，點破本文的創作意圖：只要勤於練習，反複實踐，就能熟中生巧，乃至掌握事物的規律性。（參見陳友冰〈歐陽修兩篇〈賣油翁〉比較〉）兩篇文章都是寄寓抽象的道理在具體的故事之中，發人深省。然而，透過對照分析，得以窺見在題旨的表現上，《歸田錄・賣油翁》較《筆說・賣油翁》來得顯豁而深刻，且呈現更多層次的意涵。

四、語言的運用

　　好的文學作品總是善於創造和運用語言，而語言的品鑒包括含義理解、作用分析及語言技巧和手法的賞析。在《歸田錄・賣油翁》一文中，「賣油翁釋擔而看」改為「賣油翁釋擔而立」，「立」與「看」相比，突顯了人物的立體感與形象性。又改「爾知射乎」為「汝亦知射乎」；改「汝何敢輕吾射」為「爾安敢輕吾射」；改「亦熟耳」為「惟手熟耳」等，幾字之差，卻使人物說話的口吻、氣勢乃至性格內涵，更加活靈活現，可見細微的區別也能在文章中起不同的作用。又《筆說・賣油翁》描述「乃取一葫蘆，設於地，置一錢」，其中錢與地、葫蘆的關係，交代不清，《歸田錄・賣油翁》改「置一錢」為「以錢覆其口」，原來錢是放在葫蘆口，讓讀者更能精確掌握三者的空間關係；改「設於地」為「置於地」，動作的描寫也更為精準。又在「以勺酌油」

前加了「徐」字，多了酌油的動作感和時間性，也表現了賣油翁的從容神態與細膩手藝。善於捕捉細節，也使得場景和人物更加具有神采。

在語言的運用上，《歸田錄·賣油翁》的對話語言較為簡潔傳神，形象地展現人物性格；敘述語言則準確細致，營造跌宕有致的故事性。這方面的比較分析，要抓住關鍵字詞，品味語言的豐富內涵，進一步體認不同詞語、不同句式所傳達的不同作用，有利於在學習寫作時，懂得推敲錘煉，擷取最合適的字詞、句式，運用準確、得體、生動的語言，呈現出最好的效果。

肆、結　語

在《筆說·賣油翁》與《歸田錄·賣油翁》的比較過程中，先選擇確定好比較點，再通過兩者之間的異同對比，從中領略到題材相似的作品所表現的不同風貌，體會出寫作手法不同所起的不同效果，加深了對文章的認識，獲得了刻繪人物、安置情節、呈顯主旨，以及語言運用的寫作技巧。

比較閱讀，對照分析，可以從不同的立意構思和語言特色中感受不同的風采和魅力，或者藉以評價作品的風格、優劣，或者從中學習文章的寫法。有比較，才有鑑別，作品的獨特性往往也就可以在比較中顯現出來。

總之，在語文的學習過程中，靈活的運用比較閱讀法，可以逐步培養觀察、質疑、思考、探究的學習態度，掌握整理、歸納、分析的學習方法，進而提昇賞析作品與文章寫作的能力。（原載於《中國語文》第590期）

《筆說・賣油翁》&《歸田錄・賣油翁》
之比較

★在《文心雕龍・知音》「六觀」提到「觀通變」，已有文章比較的意思。

★《文心雕龍・通變》：
「黃唐淳而質，虞夏質而辨，商周麗而雅，楚漢侈而艷……」

> 譯文：黃帝唐虞時代的作品淳厚而樸素，虞舜夏禹時代的作品質樸而明晰，商周時期的作品華麗而典雅，楚國漢代的作品鋪張而尚辭采……

從各時代的文風來說。

比較閱讀法

比較閱讀法，是指將內容或形式上有一定聯繫的文章材料加以對照，比較分析其共同性和特殊性的閱讀方式。比較閱讀是有條件的：①要有可比性；②要選擇可比點（人物、取材、情節、技巧、主題、風格……）。比較閱讀法在學術研究中得到廣泛應用，而在語文學習中運用比較閱讀法，可以培養觀察、質疑、思考、統整、分析和解決問題的能力。

比較閱讀示例：〈空城計〉內文之比較

文本比較	
第二段	每一門上用二十軍士，扮作百姓，灑掃街道。孔明乃披鶴氅，戴綸巾，引二小童攜琴一張，於城上敵樓前，憑欄而坐，焚香操琴。
第三段	卻說司馬懿前軍哨到城下，見了如此模樣，皆不敢進。急報與司馬懿，懿笑而不信，遂止住三軍，自飛馬遠遠望之。果見孔明坐於城樓之上，笑容可掬，焚香操琴。左有一童子，手捧寶劍；右有一童子，手執麈尾。城門內外有二十餘名百姓，低頭灑掃，旁若無人。

觀察兩段文字的差異

客觀場景的描寫？
主觀心理的描寫？

司馬懿所見	前段描述
孔明坐於城樓之上，笑容可掬，焚香操琴。左有一童子，手捧寶劍；右有一童子，手執麈尾。城門內外有二十餘名百姓，低頭灑掃，旁若無人。	孔明乃披鶴氅，戴綸巾，引二小童，攜琴一張，於城上敵樓前，憑欄而坐，焚香操琴。每一門上用二十軍士，扮作百姓，灑掃街道。

1. 司馬懿對孔明舉動觀察仔細，說明司馬懿是個謹慎小心的人。
2. 「自飛馬遠遠望之」，能否看見如此清晰的景象？作者安排這段描述的用意何在？
（不可能看得如此清晰，作者的描述可分客觀觀察與主觀聯想，反應出司馬懿觀察時心中已有些想法：猜想孔明的空城必定有埋伏，是使用引君入甕的戰術）

歐陽脩為文態度

*宋・呂本中《呂氏童蒙訓》：「歐公作文，先貼於壁，時加竄定，有終篇不留一字者。」
*宋・葉夢得《石林燕語》：「往往一篇至數十過，有累月去取不能決者。」
*宋・沈作喆《寓簡》：「歐陽公晚年，竄定平生所為文，用思甚苦。夫人止之曰：『何自苦如此，當畏先生嗔耶？』公笑曰：『不畏先生嗔，卻畏後生笑。』」

※朱熹《語類》卷三百十九：

歐公文字，亦多是修改到妙處，頃有人買得他的〈醉翁亭記〉稿，初說「滁州四面有山」，凡數十字；末後改定，只曰「環滁皆山也」五字而已。

*歐陽脩〈相州畫錦堂記〉：

仕宦而至將相，富貴而歸故鄉。

※宋‧畢仲詢《幕府燕閒錄》記述一段故事：

歐陽脩主管翰林院時，常常和院內的一班翰林出外遊玩。有一次，一匹狂奔的馬，在他們面前，當街把一隻黃狗踏死了。歐陽脩對翰林們說：「你們試試用文字記下這件事來。」

「馬逸，有黃犬遇蹄而斃。」

「有犬死奔馬之下。」

「適有奔馬踐死一犬。」

「有犬臥通衢，逸馬蹄而死之。」

「逸馬殺犬於道。」

古人修改之例

※王安石〈泊船瓜洲〉：

京口瓜洲一水間，鍾山只隔數重山。
春風又綠江南岸，明月何時照我還？

‧北宋神宗熙寧八年（西元一○七五年），王安石二次拜相，奉詔還京‧泊船瓜洲時所作。

南宋洪邁《容齋隨筆‧詩詞改字》，說到王荊公這一絕句，「吳中士人家藏其草。初云只到江南岸，圈去到字，註曰不好，改為過；復圈去過字，放改為入。凡如是十許字，始定為綠。」這個綠字的巧妙運用，歷來被譽為詩文煉字典範，常與賈島「鳥宿池邊樹，僧敲月下門」還是「僧推月下門」的「推敲」；鄭谷改〈早梅〉「前村深雪裡，昨夜數枝開」為「昨夜一枝開」的典故相提並論。

一字師

※宋‧魏慶之《詩人玉屑》：

鄭谷在袁州，齊己攜詩詣之。有〈早梅〉詩云：「前村深雪裡，昨夜數枝開。」谷曰：「數枝，非早也。未若一枝。」齊己不覺下拜。自是士林以谷為「一字師」。

絕嶺秋風已自涼，鶴翔松露濕衣裳。
前村月落一江水，僧在翠微閣竹房。

唐代邊塞詩人高適，在兩浙觀察使任上，一次於視察中路過杭州清風嶺時，晚上住在山寺，在僧房牆上題詩。第二天清晨，離開山寺時，發現錢塘江只剩半江水，原來，錢塘江水是隨潮汐漲落的。月上中天時，江水盈漲；月落時分，江水隨潮而退，只剩半江。詩題「月落一江水」是不合事實的。後來，他巡察歸來，特地回山寺修改題詩，發現僧房詩中的「一」字，被添了筆畫，改成了「半」字。據傳改者是「初唐四傑」中的駱賓王，後人也就戲稱他是高適的「半字師」了。

※范仲淹〈桐廬郡嚴先生祠堂記〉：

雲山蒼蒼，江水泱泱，
先生之風，山高水長。

‧（范文正）公守桐廬，始於釣台建嚴先生祠堂，自為記，以示南豐李泰伯。泰伯讀之三，歎起而言曰：「某某意輒改易一字。」公瞿然和之。曰：「雲山江水之語，於義甚大，於詞甚溥，而『德』字承之，乃似嗽喉，擬換作『風』字如何？」公疑坐領首，殆欲下拜。

‧《論語‧顏淵》：「君子之德風，小人之德草，草上之風必偃。」

12

歐陽脩《歸田錄》

*歐陽脩自序：「《歸田錄》者，朝廷之遺事，史官之所不記，與夫士大夫笑談之餘而可錄者，錄之以備閒居之覽也。」全書內容涉及北宋前期的人物事迹、職官制度和官場軼聞等，多係作者耳聞目睹。

*宋・朱弁《曲洧舊聞》卷九：「歐陽公《歸田錄》初成未出而序先傳，神宗見之，遽命中使宣取，時公已致仕在潁州，以其間記事有未欲廣者，因盡刪去之，又恐其太少，則雜記戲笑不急之事以充滿卷帙。既繕寫進入，而舊本亦不敢存。今世之所有皆進本，而原書蓋未嘗出之於世，至今其子孫猶謹守之。」陳振孫《直齋書錄解題》亦有類似記載。今傳本二卷，似為當時之「進本」。

宋代筆記文

※筆記文是一種隨筆記錄的文體，「筆記」之「筆」即文筆之分的「筆」，意謂散文、隨筆、項記。包括史料筆記、考據筆記和筆記小說。
※其淵源可以遠溯至東漢，唐代筆記已多，到宋又有發展。用「筆記」二字作書名的，則始於北宋宋祁的《筆記》三卷。
※宋代筆記文以史料筆記一類最發達，其主要特點在於多就親歷親見親聞來記敘本朝的軼事與掌故，內容較為切實，不乏第一手材料。
※宋代考據筆記，如沈括《夢溪筆談》、洪邁《容齋隨筆》、王應麟《困學紀聞》等，俱有可取。

《筆說・賣油翁》

　　往時陳堯咨以射藝自高，嘗射於家圃。有一賣油翁釋擔而看，射多中。陳問：「爾知射乎？吾射精乎？」翁對曰：「無他能，但手熟爾。」陳忿然說：「汝何敢輕吾射！」翁曰：「不然，以吾酌油可知也。」乃取一葫蘆，設於地，置一錢，以勺酌油，瀝錢眼中入葫蘆，錢不濕。曰：「此無他，亦熟耳。」陳笑而釋之。

《歸田錄・賣油翁》

　　陳康肅公堯咨善射，當世無雙，公亦以此自矜。嘗射於家圃，有賣油翁釋擔而立，睨之，久而不去，見其發矢十中八九，但微頷之。康肅問曰：「汝亦知射乎？吾射不亦精乎？」翁曰：「無他，但手熟爾。」康肅忿然說：「爾安敢輕吾射！」翁曰：「以吾酌油知之。」乃取一葫蘆，置於地，以錢覆其口，徐乃以勺酌油，瀝之，自錢孔入，而錢不濕。因曰：「我亦無他，惟手熟爾。」康肅笑而遣之，此與莊生所謂解牛、斵輪者何異。

★問題討論：
　試比較《筆說・賣油翁》、《歸田錄・賣油翁》，討論其異動的軌跡。
　　*故事人物的刻畫
　　*事件情節的安排
　　*語言文字的運用
　　*主題義旨的呈顯

兩文對照一

《筆說·賣油翁》	《歸田錄·賣油翁》
往時陳堯咨以射藝自高。	陳康肅公堯咨善射，當世無雙，公亦以此自矜。
嘗射於家圃。	嘗射於家圃，
有一賣油翁釋擔而看，射多中。	有賣油翁釋擔而立，睨之，久而不去，見其發矢十中八九，但微頷之。
陳問：「爾知射乎？吾射精乎？」	康肅問曰：「汝亦知射乎？吾射不亦精乎？」
翁對曰：「無他能，但手熟爾。」	翁曰：「無他，但手熟爾。」

兩文對照二

《筆說·賣油翁》	《歸田錄·賣油翁》
陳忿然說：「汝何敢輕吾射！」	康肅忿然說：「爾安敢輕吾射！」
翁曰：「不然，以吾之油可知也。」	翁曰：「以吾酌油知之。」
取一葫蘆，設於地，置一錢，以手之油，瀝錢眼中入葫蘆，錢不濕。	乃取一葫蘆，置於地，以錢覆其口，徐乃以勺之油，瀝之，自錢孔入，而錢不濕。
曰：「此無他，亦熟耳。」	因曰：「我亦無他，惟手熟耳。」
陳笑而釋之。	康肅笑而遣之。
	此與莊生所謂解牛，斫輪者何異。

故事人物的刻畫

		陳堯咨	陳康肅公	交代身分地位
陳堯咨	概括描寫	以射藝自高	善射，當世無雙，公亦以此自矜	誇張手法，多了人物情態與心理描寫
	言語描寫	陳問：「爾知射乎？吾射精乎？」	康肅問曰：「汝亦知射乎？吾射不亦精乎？」	以為對方亦是來問射，突出陳之自負
賣油翁	行為描寫 身段描寫	釋擔而看，射多中	釋擔而立，睨之，久而不去，見其發矢十中八九，但微頷之	多了表情動作，增添賣油翁不卑不亢的情態
	言語描寫	「不然，以吾之油可知也。」	「以吾酌油知之。」	刪去「不然」，以明主題，亦不損賣油翁形象

事件情節的安排

情節結構		兩篇《賣油翁》符合情節基本結構：開端（陳堯咨善射、練射）、發展（賣油翁睨射，二人對話）、高潮（陳堯咨忿然、賣油翁酌油）、結局（陳笑而遣之），結構完整，曲折有趣。
情節描寫	「久而不去」	「久而不去」的時間交代，自然會引起陳堯咨的注意，同時也引發讀者的懸念，如寫這段情節，營造了生動的場景，使得下文兩人的對話有著內在的邏輯聯繫，從而推動後續的情節。
	「其發矢十中八九」	其實描述後續的酌油的命中率，交代了賣油翁「微頷之」的原因，也回應了開頭「陳康肅公堯咨善射，當世無雙」，使得文章前後照應，意脈相通。
剪裁詳略		故事主角是賣油翁，敘寫陳堯咨的善射，是為了陪襯賣油翁的酌射。因此，兩篇作品在描寫陳射技上只作概括交代，主要筆墨放在賣油翁的油的現場操作，在情節剪裁上詳略得宜。

語言文字的運用

對話語言	汝何敢輕吾射！	爾安敢輕吾射！	使人物說話的口吻、氣勢乃至性格內涵，更加活靈活現
	不然，以吾之油可知也	以吾酌油知之。	
	此無他，亦熟耳	我亦無他，惟手熟耳	
故事語言	賣油翁釋擔而看	賣油翁釋擔而立	「立」與「看」相比，突顯人物的立體感與形象性
	取一葫蘆，設於地，置一錢	乃取一葫蘆，置於地，以錢覆其口	讀者會更精確掌握三者的空間關係；改「置一錢」為「以錢覆其口」，讀者會更精確掌握三者的空間關係；改「設於地」為「置於地」，動作的描寫也更為精準
	以勺酌油	徐乃以勺酌油	在「以勺酌油」前加了「徐」字，多了動作的緩和及時間性，也表現了賣油翁的從容神態與嫺熟刀藝

★補充：《莊子·內篇·養生主》（節選）
- 庖丁為文惠君解牛，手之所觸，肩之所倚，足之所履，膝之所踦，砉然響然，奏刀騞然，莫不中音；合於桑林之舞，乃中經首之會。文惠君曰：「嘻，善哉！技蓋至此乎？」
- 庖丁釋刀對曰：「臣之所好者道也，進乎技矣。始臣之解牛之時，所見無非全牛者；三年之後，未嘗見全牛也；方今之時，臣以神遇而不以目視，官知止而神欲行。依乎天理，批大郤，導大窾，因其固然。技經肯綮之未嘗，而況大軱乎！良庖歲更刀，割也；族庖月更刀，折也；今臣之刀十九年矣，所解數千牛矣，而刀刃若新發於硎。彼節者有間，而刀刃者無厚；以無厚入有間，恢恢乎其於遊刃必有餘地矣，是以十九年而刀刃若新發於硎。雖然，每至於族，吾見其難為，怵然為戒，視為止，行為遲，動刀甚微，謋然已解，牛不知其死也，如土委地。提刀而立，為之四顧，為之躊躇滿志，善刀而藏之。」

比喻對事物瞭解透徹，做事駕輕就熟，運用自如

★補充：《莊子‧外篇‧天道》（節選）

· 桓公讀書於堂上，輪扁斲輪於堂下，釋椎鑿而上，問桓公曰：「敢問：公之所讀者，何言邪？」公曰：「聖人之言也。」曰：「聖人在乎？」公曰：「已死矣。」曰：「然則君之所讀者，古人之糟魄已夫！」桓公曰：「寡人讀書，輪人安得議乎！有說則可，無說則死！」輪扁曰：「臣也以臣之事觀之。斲輪，徐則甘而不固，疾則苦而不入，不徐不疾，得之於手而應於心，口不能言，有數存焉於其間。臣不能以喻臣之子，臣之子亦不能受之於臣，是以行年七十而老斲輪。古之人與其不可傳也死矣，然則君之所讀者，古人之糟魄已夫！」

> 春秋時齊國人輪扁斲木為輪，得心應手，並以為口不能傳授箇中奧秘。後比喻高手長期戮力實踐而技藝精湛。

主題義旨的呈顯

◎ 主題的揭示往往是通過人物、事件、情節的敘述和描寫，兩篇〈賣油翁〉主要是說明「熟能生巧」的道理。

◎《歸田錄‧賣油翁》面在結尾加上議論：「此與莊生所謂解牛、斲輪者何異」，點破本文的創作意圖：只要勤於練習，反復實踐，就能 熟中生巧，乃至掌握事物的規律性。（參見陳友冰〈歐陽脩兩篇〈賣油翁〉比較〉）但「何異」二字，其意為何？

◎ 兩篇文章都是寄寓抽象道理在具體故事中，發人深省。然而，透過對照分析，將以蘊見在題旨的表現上，《歸田錄‧賣油翁》較《筆說‧賣油翁》來得顯豁而深刻，且呈現更多層次的意涵。在文章開頭突出陳堯咨的自負，為作者要強調的主旨之一——有一技之長並不值得誇耀——從反面作了鋪墊，使主題多了一層「謙遜」的內涵。而結尾亦暗示除了「手熟」之外，要使技能臻於完美，「修養」更為重要。

力	巧	神
苦練	反思‧改進‧熟練	平常心‧修養

文章比較 <small>（參考周振甫《怎樣學習古文》）</small>

◎命意同而辭有繁簡　　◎命意同而辭有差異

◎命意同而故事不同　　◎命意相似而有差異

◎目的同而命意不同　　◎事同而語有複疊與簡約

◎事同而所記梢異　　　◎事同而記有詳略改動

◎事同而記有疏密　　　◎一人而傳有同異

◎一事而說有異　　　　◎內容異而首尾呼應同

◎事異而記法同

◎擬分類狀物而有變化　◎擬對問自解而有創見

◎對問與七事分敘的因襲與創新

結　語

比較閱讀，對照分析，可以從不同的立意構思和語言特色中感受不同的風采和魅力，或者藉以評價作品的風格、優劣，或者從中學習文章的寫法。有比較，才有鑑別，作品的獨特性往往也就可以在比較中顯現出來。

繼承與創新

——從互文性視角看陸龜蒙〈杞菊賦〉與蘇軾〈後杞菊賦〉的關係

汪文祺

壹、前　言

　　傳統修辭學中的「互文」主要著眼於詞句的互文見義，本文所切入的「互文」，則採西方文學理論中的「互文性」，或稱作「文本互涉」，「是指某一特定文本與其他文本之間的相互作用、相互模仿、相互影響、相互關連或暗合等關係」（申順典〈文本符號與意義的追尋——對互文性理論的再解讀〉）。這種互涉「包括公開、明顯的引用和參考，也包括對已有文本的同化或模仿，還包括對既定慣例的認同與遵循」（蘇珊〈互文性在文學中的意義網絡及價值〉）。因此，不同朝代文學作品之間縱向的影響、模仿、吸收與轉化，亦可從互文性視角加以觀察。

　　在歷代詠杞菊的詩文中，從命題來看，蘇軾以陸龜蒙的〈杞菊賦〉為先，而作〈後杞菊賦〉，此異代互出的現象，

應非偶然。本文嘗試從「互文性」視角觀察兩篇賦作，由寫作背景入手，探究作者書寫時的心境，以知人論世強化對文本情境的掌握，再就主題內容與寫作形式進行比較分析，以明兩篇作品之間是否有著承繼創新的關係。

貳、文本之探究與比較

一、背景知識的掌握

　　《文心雕龍・時序》中提供許多我們進行文章批評時要注意的外緣關係，以及對作品的重大影響，所謂：「世積離亂，風衰俗怨，故志深而筆長，梗概而多氣也。」說明建安時期，由於戰亂頻仍，社會動盪，文人的感慨更多，普遍運用辭賦來作為抒情的工具。而文人的情感世界，不僅與他所處的那個時代相涉，也與其自身遭遇有關。在晚唐時代，社稷沈淪，民生凋蔽，諷刺小品因政治世情的影響而得以興盛發展，成為晚唐散文的主要風格。陸龜蒙是當時重要的代表文人，其最精采的作品是詠物諷刺小賦，紀昀論其作品：「閒情別緻，亦復自成一家。」（《四庫全書總目提要》）〈杞菊賦〉正表現出這方面的特色。陸龜蒙出身吳中望族，舉進士不第，後隱居家鄉甫里，此賦即作於退隱之時，文中抒寫了隱遁生活的樂趣，微露諷時刺世的深意，文章雖短，卻耐人尋味，頗能表現其文章風格與處

世態度。

　　蘇軾在熙寧四年（西元一○七一年）因對王安石變法持不同政見而自請外任，朝廷派他作杭州通判，三年任滿轉任密州太守。是時朝廷正積極推行新法，而密州卻多災歉收，盜賊滿野，官貧民窮。蘇軾對當時狀況寫道：「蝗旱相仍，盜賊漸熾」、「公私匱乏，民不堪命」（〈論河北京東盜賊狀〉），百姓「剝囓草木啖泥土」（〈寄劉孝叔〉），他身為太守勤於吏職，不計勞逸，時時惦念著「民病何時休」（〈和趙郎中捕蝗見寄次韻〉）。〈後杞菊賦〉作於熙寧八年，當時蘇軾正任密州太守第二年，文中描寫自己在密州的處境，生活雖窮窘，卻表現了不羈外物、不憂貧困的達觀態度，敘寫中可見諧趣。

　　據蘇軾〈後杞菊賦敍〉所述，可瞭解他與陸氏產生對話的因緣，而在賦篇命題上，以「後」名之，更見明顯脈絡，清楚可證蘇軾係承襲陸龜蒙〈杞菊賦〉撰成〈後杞菊賦〉。陸、蘇二人同樣面對黑暗時局，同樣表現樂於清貧，然而，東坡身為太守，職責所在，於字裡行間可窺見士大夫對民生社會的關懷，對朝廷政策的批判，相較於陸氏，更反映出蘇軾作為地方官高度的同情心與強烈的責任感。換言之，蘇軾〈後杞菊賦〉不僅是對陸龜蒙〈杞菊賦〉進行體式上仿擬，更植入自己的意向，使得兩篇賦作之間有著「歷時互文」的關係，「前時文本通過當前文本得到再生和增殖」（蘇珊〈互文性在文學中的意義網絡及價值〉）。

二、文本內容的爬梳

（一）序文

兩篇賦作皆有序文，理應參看。陸龜蒙在〈杞菊賦〉的序文道：

> 天隨子宅荒，少牆屋，多隙地，著圖書所，前後皆樹以杞菊。春苗恣肥，日得以採擷之，以供左右杯案。及夏五月，枝葉老硬，氣味苦澀。旦暮猶責兒童輩拾掇不已。人或歎曰：「千乘之邑，非無好事者家，日欲擊鮮為具以飽君者多矣。君獨閉關不出，率空腸貯古聖賢道德言語，何自苦如此？」生笑曰：「我幾年來忍饑誦經，豈不知屠沽兒有酒食耶？」退而作〈杞菊賦〉以自廣。

開篇先交代其居處環境，藉宅子荒涼而書齋遍植杞菊，對照出精神糧食重於物質享受的生活態度，接著描寫種植杞菊的樂趣，敘寫自己不同於一般人們慣俗，夏季仍食杞菊，於是引出一段主客問答，藉以指陳多數人耽於酒食逸樂的社會現象，而本身卻於潦倒之際，依然誦讀經典而不輟，表明一己甘於貧困且重視古聖賢之道，成全一安貧樂道與刻苦自勵的隱士形象。文末交代了作〈杞菊賦〉的本意，更在自嘲之中，有了不同於世俗成見的體會，委婉透出孤芳自賞的姿態。

蘇軾〈後杞菊賦〉的敘（因避祖父之名諱而用「敘」字）：

> 天隨生自言常食杞菊，及夏五月，枝葉老硬，氣味
> 苦澀，猶食不已。因作賦以自廣。始余嘗疑之，以
> 為士不遇，窮約可也，至於饑餓嚼齧草木，則過矣。
> 而余仕宦十有九年，家日益貧，衣食不奉，殆不如
> 昔者。及移守膠西，意且一飽，而齋廚索然，不堪
> 其憂。日與通守劉君廷式循古城廢圃，求杞菊食之，
> 捫腹而笑。然後知天隨生之言，可信不謬。作〈後
> 杞菊賦〉以自嘲，且解之云。

文中以天隨生食杞菊之事作為引子，起初蘇軾認為陸氏作法未免矯情太過，經由親自體驗實際困境，才恍然大悟，從而促成〈後杞菊賦〉之作。文末則交代作賦目的在於自嘲與自解。作者在密州，仕途的失意，再加上面對人民疾苦時的無可奈何，自有其心理調節的方法，由其作品看來，基本上他還是能保持曠達的心境。

兩篇前後「杞菊賦」的文學因緣，「主要關鍵即繫於二人對困境實體的共同觀照及其自我見證」（許東海〈蘇軾飲食賦之困境觀照及其文類書寫策略〉）。但在蘇軾的筆下，為官近二十年，家境今不如昔，作為太守，竟得剜野菜充飢，以杞菊為食，不免可笑。通過對密州生活的描繪，帶有強烈對新政的不滿與民胞物與的情懷，在自嘲本身荒謬處境之中，最終獲致人生困境的消解之道。對照兩賦序文，蘇軾就是透過續寫、化用和轉折，從而「實現一個使其文本相互指涉、相互發明，最終達到一個構成新文本的創作過程」（申順典〈文本符號與意義的追尋——對互文性理論

的再解讀〉），衍生出相對獨立而又互有關聯的文學作品。

（二）賦作

陸龜蒙〈杞菊賦〉寫道：

> 惟杞惟菊，偕寒互綠。或穎或苕，煙披雨沐。我衣
> 敗綈。我飯脫粟。羞慚齒牙，苟且粱肉。蔓延駢羅，
> 其生實多，爾杞未棘，爾菊未莎。其如予何！其如
> 予何！

為何取象「杞菊」，只因著圖書所前後皆樹以杞菊？在
文學表現中，外在世界往往是作者心靈的投射，又陸龜蒙
主張作詩要以儒家道統為宗，即便是狀花詠物之作，也應
強調詩的諷諫精神，顯然，陸氏對杞菊的描寫，應該作為
內在心理狀態或自我的生命暗示來理解。觀其形式，採用
四言句式，係脫胎自《詩經》。賦中先狀寫杞菊，能經寒而
綠，披風淋雨，仍開花結實。古人不僅知道枸杞可作食療
疾以養生，更將其視為美好長壽的象徵；而菊花則是內斂
樸實、凌霜不凋，帶有一種遺世獨立的從容和淡定。作者
實是借題發揮，寓志於物以自我比況，對於「我衣敗綈。
我飯脫粟。羞慚齒牙，苟且粱肉」的困境，顯然不以為意，
表現了高士樂於清貧的傲世之態。賦詠杞菊，明其可食特
性，兼濟情懷，「杞菊」成為陸龜蒙隱士生活的重要徵象與
其生命情操的具體寫照。

蘇軾自言其撰寫緣起源於陸龜蒙，細讀兩賦內容，亦
能尋繹出其中的書寫交集。在〈後杞菊賦〉中，蘇軾勾勒
出一個栩栩如生的窮太守形象：

「吁嗟先生！誰使汝坐堂上稱太守？前賓客之造
請，後掾屬之趨走。朝衙達午，夕坐過酉。曾杯酒
之不設，攬草木以誑口。對案轟嚘，舉箸喣嘔。昔
陰將軍設麥飯與蔥葉，井丹推去而不嗅。怪先生之
眷眷，豈故山之無有？」先生聽然而笑曰：「人生一
世，如屈伸肘。何者為貧？何者為富？何者為美？
何者為陋？或糠覈而瓠肥，或粱肉而墨瘦。何侯方
丈，庾郎三九。較豐約於夢寐，卒同歸於一朽。吾
方以杞為糧，以菊為糗。春食苗，夏食葉，秋食花
實而冬食根，庶幾乎西河、南陽之壽。」

開筆一句，南宋洪邁予以高度評價：「殆如飛龍搏鵬，
騫翔扶搖於烟霄九萬里之外，不可搏詰，豈區區巢林翾羽
者所窺探其涯涘哉！」（《容齋隨筆·五筆》卷第七）行文
不落前人舊賦窠臼。太守終日公事繁雜，心疲力竭，卻杯
酒不設，只能以菊草杞木充飢，這是官吏生活的實錄，回
應序文所述景況。這段文字也表現了蘇軾作散文賦的特
點，直敘白描，不加雕琢，在日常生活的細節敘述之中隱
伏作者的情志。郡州太守形象的鮮活，對現實政治得失的
批判便不言可喻了。接著援引典故，正是對於過往經驗的
認同與借代，從「互文性理論」的角度來看，是「有意地
利用互文來營造聯想或諷喻等效果」（申順典〈文本符號與
意義的追尋──對互文性理論的再解讀〉），內容講的是東
漢時信陽侯陰將軍好養士，當井丹被召來，將軍用麥飯與
蔥葉招待他，而井丹不屑一顧，直到換成豐盛宴席才吃。

既對清高而不避權勢的井丹表示欣羨，又與朝廷不養士形
成對照，體現對朝廷政策的批判。然而東坡雖志於入世，
卻又能超然物外，文中太守回答：人生的一切不過如肘臂
一屈一伸平常，有什麼值得計較。作者再用兩組意義相反
的典故，各自形成對照。最終再回應文題，言食杞菊之事。
對蘇軾來說，貧富美醜有如夢幻，且將同為一朽，清苦的
生活，反倒能使人長壽，字裡行間展現作者對生命的寬解
與自足的人生態度。然而其自嘲自諷，自寬自解，調之以
超逸，飾之以大笑，實是「繼承了《詩》、《騷》精神而來
的一種獨創」（曹慕樊〈東坡「後杞菊賦解」——兼論蘇賦
的淵源及獨創風格）。

　　當與物象交遇而產生對話狀態，外在物象就不只是單
純的心情轉嫁點，陸氏賦詠杞菊，乃藉物以自視、自許與
自恃，物象成為體現作者人格的剪影。蘇軾仿陸氏作〈後
杞菊賦〉，當亦挪借「惟杞惟菊，偕寒互綠」之義，並且同
樣以之自持。而蘇軾在賦中寫道：「以杞為糧，以菊為糗」，
杞菊成了現實窮困生活裡的重要食物，這兩種植物味雖含
苦，但在萎靡世風中的「清苦」，點染的更是作者自足的心
志。由上所述，可見兩篇賦作在內容主題上實有著緊密的
相關指涉，且「該主題在新文本中得到了重新發掘，相關
意義和經驗被喚醒及重塑，並添加了文本創造者新的意義
指向和體驗」（蘇珊〈互文性在文學中的意義網絡及價
值〉），使得文本在歷時互文中，通過再現與交互得到了豐
富和延伸。另外，〈後杞菊賦〉保有賦體的基本特色，「鋪

采摘文，體物寫志」（《文心雕龍・詮賦》），卻能另創一格，以散文形式，採諷客嘲難的問答體，表面上述寫自己為官的境況，實寓含為民愁苦的心情，以曲筆譏諷新政失當，更映現其曠達的處世哲學。

　　比較兩賦的表現手法，作者皆把內心種種複雜的情感化為可感的具體形象，使文章洋溢著一種理趣。蘇軾仿擬陸龜蒙採賦的體式，「文體的選擇其實就是選擇表現自己的一個面向」，「一旦選擇某種文體，就彷如進入歷史文化的迴廊，在一種熟悉的語句格式、典事氛圍中，完成發現當下自我，同時也是再現傳統的書寫活動」（鄭毓瑜〈流亡的風景──〈遊後樂園賦〉與朱舜水的遺民書寫〉）。而在形仿的基礎上，才能進一步對照、比較，蘇軾雖仿擬賦體，卻「出新意於法度之中」（〈畫吳道子畫後〉），以散文賦體行文，過去以主客體形式作的賦，總層層鋪墊，才點到主旨，而蘇軾此賦，布局簡單，沒有浮言，卻在多變的句法之中，自然成對，意脈相連，聲韻和協，表現了蘇軾獨特的文學風格。整體而言，兩篇賦作具有呈現在文本之間整體寫作手法有著相似或相同之處的「宏觀互文性」，亦有著文本之間某些詞句與段落表達有著關連性的「微觀互文性」（申順典〈文本符號與意義的追尋──對互文性理論的再解讀〉）。因此進行閱讀與詮釋時，即可在文本的交互關涉之間，從事累代相感相續的意義建構。

參、結　語

　　綜上所述，陸龜蒙〈杞菊賦並序〉與蘇軾〈後杞菊賦並敘〉兩篇作品有著高度的互文性，此在賦篇命題與內容主題中可見端倪，而兩者之間亦呈顯著繼承與創新的關係，以承繼而言，主要有三：以相同的物象為主體──「杞菊」，掌握其特質，表現輕物質，重養生，重節操的生活哲學；同以賦體為文，在形式上承襲著體物言志的傳統，有著明顯接續的痕跡；皆藉物以明己志，表現兩人貧者清逸的姿態，完成自我生命的涵養與操守。而在創新之處，東坡以散文賦行文，且在主題抒寫中，不僅止於個人心境的抒發與排解，更注入了個人的為官意識，對朝廷變法造成的民生困頓，給予曲折卻強烈的批判，雖以「杞菊」為隱者之姿，卻存憂國憂民之心，展現對民瘼的深刻關懷。整體而言，蘇軾承繼陸龜蒙而作〈後杞菊賦〉，並非單純表現同情共感，前者有著更多在隱逸困厄中對個人、對民生，以及對時局的延展思考。〈後杞菊賦〉與〈杞菊賦〉的對話，真切體現在歷時互文中得以重新觀照的文體傳統、情境經驗的再現，以及主題內涵的轉化。

　　運用互文性理論，置放文本於時空縱橫的關係場域中，可避免孤立地對待文本，透過細膩解析相似的事件、場景、人物、意象、經驗和感覺，關注文本之間的互動，進而在互涉文本的對照中，得以詮釋、領會作品的深刻義涵。（原載於《中國語文》618 期）

陸龜蒙〈杞菊賦並序〉

　　天隨子宅荒少牆，屋多隙地，著圖書所，前後皆樹以杞菊。春苗恣肥，日得以采擷之，以供左右杯案。及夏五月，枝葉老硬，氣味苦澀，且暮猶責兒童輩拾掇不已。人或欺曰：「千乘之邑，非無好事之家，日欲擊鮮為具以飽君者多矣。君獨閉關不出，率空腸貯古聖賢道德言語，何自苦如此？」生笑曰：「我幾年來忍饑誦經，豈不知屠沽兒有酒食邪？」退而作〈杞菊賦並序〉以自廣云。

　　　　惟杞惟菊，偕寒互綠。或穎或苕，煙披雨沐。
　　　　我衣敗絺，我飯脫粟。羞慚齒牙，苟且粱肉。
　　　　蔓延駢羅，其生實多。爾杞未棘，爾菊未莎。
　　　　其如予何！其如予何！

蘇軾〈後杞菊賦並敘〉

　　天隨生自言常食杞菊。「及夏五月，枝葉老硬，氣味苦澀」，猶食不已。因作賦以自廣。始余嘗疑之，以為士不遇，窮約可也，至於饑餓嚼嚙草木，則過矣。而余仕宦十有九年，家日益貧，衣食之奉，殆不如昔者。及移守膠西，意且一飽，而齋廚索然，不堪其憂。日與通守劉君廷式，循古城廢圃，求杞菊食之，捫腹而笑。然後知天隨生之言，可信不繆。作〈後杞菊賦〉以自嘲，且解之云：

　　　　「吁嗟先生，誰使汝坐堂上稱太守？前賓客之造請，後掾屬之趨走。朝衙達午，夕坐過酉。曾杯酒

之不設，攬草木以誑口。對案顰蹙，舉箸嚘嘔。昔陰將軍設麥飯與蔥葉，井丹推去而不嗅。怪先生之眷眷，豈故山之無有？」

先生听然而笑曰：

「人生一世，如屈伸肘。何者爲貧？何者爲富？何者爲美？何者爲陋？或糠核而瓠肥，或梁肉而墨瘦。何侯方丈，庾郎三九。較豐約於夢寐，卒同歸於一朽。吾方以杞爲糧，以菊爲糗。春食苗，夏食葉，秋食花實而冬食根，庶幾乎西河、南陽之壽。」

舞動白蛇
——雲門舞集《白蛇傳》賞析

汪文祺

壹、前　言

　　白蛇與許仙的故事，在民間流傳甚廣，其原始素材或可上溯至圖騰信仰、六朝精怪，《太平廣記》所收〈李黃〉、〈李琯〉及《清平山堂話本》所收〈西湖三塔記〉略具雛形，馮夢龍〈白娘子永鎮雷鋒塔〉勾勒大體輪廓，方成培《雷峰塔傳奇》為其定型之作。長久以來，故事中的典型人物、尖銳衝突及多重義蘊，總讓人沈吟深思，因此有許多現代作品企圖添加新的元素，使白蛇故事呈現更多元的藝術樣態。

　　以白蛇故事為主的現代小說有李碧華描繪情慾錯綜複雜的《青蛇》、李喬挑戰舊有故事的《情天無恨——白蛇新傳》；張曉風〈許士林的獨白〉採散文體裁，刻畫「利劍斬不斷，法砵罩不住」的人間親情；許悔之則以新詩形式，道出〈白蛇說〉，描寫同性、

雙性愛欲的糾葛；蔡志忠將《雷峰塔下的傳奇》，筆繪成妙趣橫生的漫畫世界；田啟元的《白水》劇本，重新界定角色關係，提供不同的思考邏輯。

　　在電影方面，白蛇故事一拍再拍，其中四角關係幾乎千篇一律，直到徐克改編自李碧華小說的同名電影「青蛇」，將這段千古奇緣重新翻案，大膽剖析青蛇的原欲，使青蛇不再只是附屬角色。然而此一切入角度，在「雲門舞集《白蛇傳》」中已見端倪，此齣舞劇於一九七五年九月二日在新加坡國家劇場首演，得到熱烈迴響，成為雲門最受歡迎的舞碼之一。本文嘗試從取材角度、角色形塑、佈景道具及背景配樂等方面，分析此齣舞劇，以見其在白蛇故事不斷演繹過程中的地位。

貳、取材角度

　　傳統白蛇故事，敘述重點圍繞在許仙與白蛇的情愛糾葛，千年修煉的白蛇甘願冒險為許仙盜仙草、水漫金山、力抗法海，表露她對愛情的堅貞。而許仙對白蛇，由初始的恩愛，到發現原形的疑懼，爾後出家為僧，形象雖不如白蛇、法海鮮明，但其性格上的模糊矛盾，卻是真實人性最貼切的寫照。法海固執於他的道德理念，不近人情，形成和白蛇對比的張力。許

多人看白蛇故事，為白蛇的深情而感動，為許仙的懦弱而嘆息，為法海的冥頑而氣惱，青蛇呢？傳統故事中，青蛇跟隨在白蛇身邊，護衛主人，忠心耿耿。然而，如果異類有情，白蛇的情欲已然發酵，而青蛇對於人間情愛，是否也有一探究竟的衝動？

林懷民先生認為：「青蛇是一名獨立的女子，她和白蛇一樣，經過長時間修行，也有人間渴望，她也正值青春年華，有愛情和慾望的追求。」因此，在雲門舞集的《白蛇傳》中，獨具新意的將青蛇突出，與白蛇分庭抗禮，青蛇拋開主僕的傳統包袱，赤裸地展示她的原欲，表現她的男女之愛、嫉妒之情。當白蛇遇見心愛的男人許仙，青蛇也同樣愛上他，她不再只是忠誠於白蛇的奴婢，她忠於自我，要一次屬於自己的戀愛。舞台上，白蛇、許仙和青蛇，展開一場濃烈情愛的三人舞。當爭鬥結束，白蛇舞扇，許仙跟隨，恩愛纏綿之際，簾外的青蛇，痛苦地扭動著，宣洩滿腔的妒忌與失去的憤恨。舞劇的後半段，回歸傳統的白蛇故事，許仙被白蛇的原形所嚇，驚懼之餘，求助法海。而當白蛇與法海相鬥落敗，青蛇冷眼旁觀，似乎有些幸災樂禍，眼看白蛇要被法海整死，上前摟住白蛇，無限憐憫，其中微妙的心理變化也是此劇的焦點之一。最後，當白蛇被鎮於雷峰塔下，青蛇則在塔外徘徊迴繞。「青蛇」在雲門舞集的舞劇中有了「自我」，成為一個真真實實、有情有欲的「女人」。

　　大體而言，本齣舞劇的主題意識仍是較符合傳統精神，然而在取材的角度上，注意到了「青蛇」，除了展現故事表層的興味外，更觸及人性的欲求與矛盾；在藝術表演的型態上，則融合國劇身段與西方葛蘭姆的技巧。這場白蛇舞劇，實為傳統白蛇故事，開啟了不同的視窗。

參、角色形塑

　　雲門舞集《白蛇傳》中的角色僅四人，為求區隔四者的形象與舞台上的醒目效果，四人衣著顏色不同，肢體動作各異。白蛇的癡心執著，青蛇的靈動狐媚，許仙的文弱矛盾，法海的威權獨斷，在舞台上一一展現。

　　白蛇與青蛇本為蛇妖，故出場之際，刻意模仿蛇的肢體語言，表現蛇體纏繞的特質。一開始，彼此之間有許多顧盼，正如蔣勳先生所說：「她們的生命，有許多依偎依靠，有許多扶持與眷戀。她們一起通過漫長的歲月，從蛇修煉成了人形，修煉成美麗的女子，相約去人間走一走。」然而只要留意動作的細膩不同，即可看出二蛇性格的差異，青蛇擺動幅度較大，迅速而靈活，相對之下，白蛇的動作就顯得含蓄，且多為立姿，顯現其一心為人的努力。在服裝方面，

白蛇穿著白色裙裝，一身素淨，端莊優雅；青蛇則為青色褲裝，款擺腰肢，活潑俐落，而為了強調青蛇的蠱惑性，其眼神挑逗，媚態逼人。凡此種種，皆在對比兩者的情性，白蛇道行高深，內斂而具人性；青蛇則外向俏皮，狂放而具野性。

　　許仙是一個典型的傳統書生，一襲青衫，腰間繫著金黃色的條帶，身上揹著一把雨傘，台步的走法，水袖的動作，溫文中帶有怯懦，儒雅裡藏著猶疑。當白蛇與青蛇同時愛上許仙，他左顧右盼，周旋於二女之間，難以自拔。後雖情定白蛇，卻又懼其原形，舞台上，竹簾內的愛慾貪歡結束，許仙受到驚嚇，倉皇逃出，拉斷竹簾，倒地昏厥。之後，舞劇中安排溫吞的許仙以八個旋子的動作表達出他求助法海的決心，希冀在法海廣大的袈裟中得到護衛。然而白蛇對許仙的深情不移，想必許仙也感受到了，所以舞台上最後只見許仙哀傷的容顏，惘惘地訴說內心的徬徨與愁緒，情義、道德、愛戀與悔恨，矛盾糾葛。

　　法海一如傳統印象，白鬚冉冉，為得道老僧，動作不多卻極有力道，一襲紅色鮮亮袈裟，顯現至高無上的權威；神情莊嚴肅穆，展現他不容侵犯的地位；手持巨大禪杖，是身分的表徵，而觸地的聲響，則是迴盪世間的紀律禮法。當白蛇與青蛇張牙舞爪與法海相鬥，法海張揚著紅色袈裟、金黃袍袖，昭示著人類／妖異不可踰越的界線，他要人間一切納入他制定

的律法軌則之中，絕不允許越軌、放肆與背叛，那一步步有力而堅決的移動，正是貫徹道德秩序的執著。

肆、佈景道具

　　舞劇主要是藉由舞者豐富的肢體語言，刻畫角色的性格內涵，鋪陳故事情節的走向，為使觀眾聚焦於舞者身上，舞台佈景則不宜繁複，應力求簡雅。此劇的佈景道具由雕塑大師楊英風先生設計，主要佈景有二，一是位於舞台右方用粗藤扭成的蛇窩，彎曲糾結的佇立姿態，恰似蛇類肢體的盤旋，那是白、青二蛇的原始來處；另外則是一張密密的竹簾，垂懸在舞台中央，舞劇前半段，那是白蛇與許仙歡愛的私密空間，到了後半段，竹簾被驚駭的許仙扯斷，最後卻成了席捲白蛇、鎮壓白蛇的無情高塔。當白蛇一步步將自己捲入竹簾之中，禁錮她的究竟是象徵禁欲的法器，抑是她對人間情愛的堅執？

　　傳統故事裡，「傘」是許仙與白蛇結緣定情的信物，傘下庇護的原該是不畏風雨的雙人世界，然而在舞劇中，許仙意志不堅地在白、青二蛇之間搖擺，於是，那把只有傘骨而沒有糊紙的「傘」成了許仙情愛世界的象徵，當許仙旋轉舞動時，織成一面透明的網，籠罩著他們，三角關係，糾纏不定。白蛇手中握

有一把「扇」，是初識許仙時嬌羞容顏的屏障；是陷入愛戀的喜悅；是威嚇氣勢的表徵；當白蛇將折扇交與許仙，是全心全意的託付，然而，雖一心想望比翼雙飛，這段情緣終究「散」去，在相識的開始就注定了悲劇的終結。

本齣舞劇中的舞台設計與道具運用，達到了多重的象徵與多樣的目的，完成了林懷民先生的訴求：「在舞台上要是活的道具，就像舞者活的肢體，並且也得是個雕塑，一個真正的雕塑。」

伍、背景配樂

此劇配樂「眾妙」為賴德和先生所作，該樂曲使用簫、古箏、胡琴、琵琶四種旋律樂器，交互運用，表現出不定的時值、飄忽的強弱和多變化的音色，可以撲朔迷離，也可以充滿戲劇張力。還有增加力度的打擊樂器，更拓展了音色彩度，與旋律樂器，互相抗衡，又互相交融。

全曲音樂，由人物上場的鑼鼓點揭開序幕，依情節的開展，打擊樂器的短促懸疑與旋律樂器的流暢抒情，造就了一個優美卻不安的氛圍，使人意識到即將展開的一場紅塵情劫。白蛇與許仙原本該有甜蜜的愛情，這是一段優美的旋律，但為打擊樂器不由分說地

闖入，那是法海的阻力。故事結束，悽惻的簫聲仍被打擊樂器層層阻斷，浪漫情愛與嚴肅法則相對的世界，正是人類亙古以來無奈的困境。

音樂的鋪陳，更配合著劇中人的情緒，輕快的旋律恣意流洩於三人蕩漾的春心；在嘈嘈的樂聲中燃燒青蛇的妒火；當許仙發現白蛇原形時，急促的弦樂，渲染緊張的氣氛；強烈而緊密的響音，是白、青二蛇對法海發出的嘶吼；當白蛇被鎮於雷峰塔下，曲調哀傷，彷彿又為白蛇發出不平之鳴。作曲家與編舞家共同合作，交融成一部充滿傳奇色彩與故事性濃烈的白蛇傳。

陸、結　語

白蛇故事經歷千百年的流轉，不論人物或情節都早已定型，然而雲門舞集的《白蛇傳》，融合東西方舞蹈技巧與劇場觀念，把許多枝節省略，昇華了整體意象的豐富性。其中四個角色有著明顯的分野，且各自代表了不同的象徵意義；舞者運用靈活的肢體語言，突出角色的鮮明性格；道具的運用，更傳達角色的內心世界；頗具象徵色彩的極簡舞台，發揮多元的功效；音樂配合劇情，成就美麗的樂舞，再益以獨特的取材角度，使得這齣舞劇，更具心理深度與複雜

性，得到了不凡的藝術成就。

　　藉往昔傳說的間架，賦注新穎的意趣，一部「白
蛇傳」，仍舊是說不盡的故事。（原載於《中國語文》
577 期）

路長情更長

——淺談電影《那山那人那狗》

林淑雲

壹、前　言

大陸導演霍建起所執導之《那山那人那狗》，曾榮獲第十九屆中國電影金雞獎最佳故事片和最佳男主角（滕汝駿）兩項大獎。一位堅守崗位數十年的鄉郵員，因為職業的需要，迢遙跋涉於湖南深山之中。為了工作，他讓妻子獨守空閨，在兒子成長過程中缺席，因為父子長年缺乏溝通互動，兒子對於父親陌生中隱隱然有著恐懼，甚至認為父親不喜歡自己，關係疏離到鮮少喊「爸」。面對這樣的景況，鄉郵員縱使感慨萬千，卻不知如何縮短父子之間的距離。然而親情血脈，終究是斬不斷的臍帶，因此當兒子繼承他的志業，獨自走上漫漫郵路，父親惴惴難安，放心不下之餘終於還是決定陪他一段。除了隨機指導兒子工作上的訣竅，並能藉由這一趟旅程，細細品茗熟悉的人

事，靜靜咀嚼過往的點滴，在心中和自己熱愛的工作場域話別。穿行在風景如畫的山林中，父與子，經由三天兩夜的共處，由淡漠而至熟稔，由隔閡而至親密。沒有悲情、誇張的言詞和煽情、灑狗血的橋段，白描寫實的劇情中，蘊含著樸實無華卻真誠動人的生命美學。

貳、人倫親情的流動

一、山的隱喻

　　片中的「山」，具有多重意義：綠意盎然的「山」，是鄉郵員工作的環境，適足以呼應鄉郵員綠衣天使的身份。蜿蜒的道路，象徵綿延不斷的辛苦。隻身行走於壯闊的蒼穹之下，任重而道遠的鄉郵員，不免是寂寞孤獨的，然而經年累月之後，「山」也成為父親情感的寄託。這座「山」，曾是一堵厚實的牆，隔絕城市與部落，隔絕父親與家庭，但是這座「山」也是父親和母親相識的場所，是幸福的開端；同時也是溝通的橋樑，是促成父子親密的催化劑。此外，「山」雄偉壯麗的姿態，聳立不動的樣貌，與傳統中父親不易親近的形象不謀而合。兒子走進山中的動作，可視為走近父親的隱喻，從而瞭解父親工作的辛勞，認同父

親的付出。

二、父子情深

影片中兒子背父親過河一段，淋漓盡致的展現父子之情。此時導演特地用鳥瞰鏡頭，父與子的身影疊合，看似一體，代表的不僅是血脈的相承，更是兩人心意融通的表徵。此時但見父親屈著沒脫鞋襪的腿，雙手緊緊圈著兒子的頸項，淚眼婆娑中回思過往也曾如此親密的背著兒子。時光流轉，身份倒置，然而兩人的互動，在多年的空白之後，又回溫到彼時的天倫之樂。

而當熟睡中的兒子將腿跨在父親身上，父親同樣感動莫名。背，是有意識的體貼；跨，是潛意識的親密，二十多年斷裂的父子親情，就在這兩個動作中連結。此外，父親不知兒子脖子上的傷疤，驚訝於兒子會抽煙，顯現出父子之間的隔膜。兩人過河之後，傳遞煙斗的動作，則是男人之間的交流，同時也是香火傳承的暗喻。至若一句：「爸，該走了！」更是兒子打從心底接受父親的具體展現。

片尾，父親揉雜著驕傲、悵惘、不捨等莫名情緒，望著即將遠行的兒子，同時將自己最心愛的狗兒推向他。狗是盡責的嚮導、忠心的守護者，也是「父愛」的象徵，代表父親對兒子全心全意的支持與無所不在的關懷。同時，狗兒也是父子關係的具象化。剛開始

狗對兒子充滿敵意，顯現父子雙方的互動緊繃（就如同兒子邊走邊聽流行音樂，父親不表贊同；而兒子希望能搭便車節省時間，卻被斥為投機取巧；兒子對於父親包庇五婆的孫子的作法不以為然等等），然而隨著兒子背父親過河等友善動作，狗兒已主動的親近兒子，甚而撿柴火讓兒子取暖，顯現父子之間的藩籬已然跨越。此外，狗兒是父親工作上的得力助手，甚而是父親最鍾愛的「小兒子」。但是不管如何親近，狗兒始終是「老二」，因為在父親的心中，大兒子的地位，是無人可以取代的。

參、敬業樂群的態度

　　郵差，傳遞的不僅是有形的文字書寫，傳遞的更是其中承載的悲歡離合、喜怒哀樂。不論是颱風下雨抑或是豔陽當空，日曬雨淋之中，他們都要戮力去完成自己的使命。在父親身上，我們看到對職業的認同。當兒子以為父親發生意外，急切地找尋父親，而將郵包隨地擱置時，父親一見兒子，第一句即問道：「郵包呢？」隨後經由兒子的旁白：「郵包雖然沒丟，爸還是發了脾氣，真沒見過他這麼急過，直到現在我還是挺怕他的。」鏡頭中不見父親暴跳如雷的景象，卻真實傳達父親對郵件的重視。當大風一起，郵件四

飛時，父親不顧自己的腿疾，奮力的搶救郵件，在在顯現父親敬業的態度。功成不居，默默付出，是父親的寫照。他何嘗不需要獎賞，何嘗不希冀榮耀，然而在外在的光環不可得的情況下，他選擇認真而誠懇的面對工作。他對兒子說：「你肩上揹的不是自家的米袋子」，因此更需要戰戰兢兢，不可等閒視之。

父親說：「人有想頭，就什麼都有了，要是沒有了想頭，再好的日子也沒滋味。」因著對這份職業的理想與熱忱，父親除了遞送信件，同時也遞送著人情的溫暖。對五婆，父親不僅給予經濟上的支援，更重要的是給予她心靈上的慰藉。當五婆對兒子說：「你常來，我信多」，令人聞之鼻酸，同時也讓我們深深感受父親溫潤的情感。當他用心教導兒子送信時的注意事項，這些經驗的傳承，這些絮聒的叮嚀，都是他平日用心的證據。而兒子就在這些細節中，領會父親對工作的認真，從而尊敬父親、肯定父親。我們也在這些點滴中，瞭解一位平凡人物對看似卑微的工作努力的付出。片中的主角均沒有名字，他們都是「nobody」，是生活之中的小人物，卻是現實中的真英雄。父親對兒子說：「山裡人幾天不見縣長沒關係，幾天不見他可不行」、「幹得久了，記掛的人多了，遇上的事多了……，就覺得有幹頭了，不衝別的，就衝這些鄉親們，就衝他們住在大山裡」，憑藉著對工作的熱情與使命感，父親孜矻不休，勉力以赴，從中掘

發並體悟出自我存在的價值。

　　父親默默的付出，得到村民們熱烈的回應。當他退休之際，村民聚集於村口依依難捨，無須太多言語，但在大家開懷的笑容中，包含著難以言說的感謝與欽敬。為了父親，轉娃可以殷殷的等在山上，只為了不讓父親再為他們滾下山一次；為了父親，侗族人特別將婚禮訂在他到的那一天，以便父親可以分享他們的喜悅。對這群居住於深山的人民而言，鄉郵員已是他們的朋友，甚而是家人。鄉郵員不僅是與外界漁雁往返的傳遞者，他自己本身，更是絕佳的溫情輸送者。

肆、風土鄉情的繫念

　　母親在影片中的戲份不多，卻是父子兩人共同的掛念。多年陪伴於母親身邊的兒子，深深體會母親的寂寞。當他拉著五婆的手時，心裡想著：「拉著五婆的手，我忽然想起了我媽，出門在外的人，總是有很多原因顧不上想家，倒是家裡的人更牽掛他們。」甚而在遇見心儀的女子時，仍希冀她不會成為第二個母親，長離故鄉，遠居外地，卻時時心繫於故土，時時牽掛著出門在外辛勤工作的家人。

　　片中兒子一再的扣問：「山裡人為什麼要住在山

裡？」父親說：「他們是神仙的後代。」母親則回答：
「山裡人住在山裡，就像腳放在鞋裡面，舒服！」在
這目遇皆春、雲霧縹緲的桃源中，美的不僅是風景，
更美的是人心。他們與世無爭，樂天知命，沒有文明
的侵擾，沒有塵俗的煩囂，天地並生，物我合一，擁
有最純淨無暇的心與情。

　　事實上，由本片名為《那山那人那狗》，不難看
出影片企圖演繹人與自然、人與動物、人與人之間相
互融通的情感。山、人、狗的順序，除了體積大小的
依序排列之外，更展現出「人」在三者之中的重要性。
透過送信，人與人之間溝通交感，人和天地之間和諧
共生，人和動物之間建立起跨越物種限制、超脫語言
隔閡的情誼。在蒼翠的山林中，溫暖醇厚的人情滿
溢，而人可以活得簡單自在而有意義。因此原著小說
中寫著父親希冀兒子：「讓他愛上山，要與山過一輩
子，要愛呢！」

伍、文學與影像的交會
——《那山那人那狗》與《我的父親母親》之比較

　　《那山那人那狗》（以下簡稱「那」片）與張藝謀
導演的《我的父親母親》（以下簡稱「我」片）分別

榮獲第十九、二十屆中國電影金雞獎最佳故事片，將兩片加以合觀比較，不難發現兩片有諸多雷同之處。

　　首先：兩片均改編自文學作品。「那」片改編自彭見明的同名小說，「我」片則改編自鮑十的〈紀念〉。然而改編的方式有異：「那」片在原作的基礎之上，亦步亦趨加以鋪陳，同時為豐富骨血，又加上五婆、侗族婚禮等情節，改動父子於葛藤坪遇見紅衣女子的對話、加重母親等待的形象……，但是整體而言，要皆不離原作的脈絡。而「我」片則是於原作的架構之外，歧出主線加以點染。〈紀念〉一文旨在描述駱老師為興建校舍勞苦奔波，不幸心力衰竭而撒手塵寰，村民感念其對學校的貢獻，一路從醫院抬棺相送的感人過程，重點在於駱老師的教育愛。文中駱老師與招娣展現的是老夫老妻、平實雋永的真情實感。而「我」片則是由「生子」奔喪為開端，而後將場景拉回過去，追溯駱老師和招娣兩人年輕時熱烈動人的愛情故事。

　　其次：兩片均蘊含著「圓」的精神。圓，起點即是終點，往復相承，輪迴不止。「那」片中的郵路，起點是家，終點亦是家。郵路是父親辛勞工作的場域，同時也是他和母親相識的地點，卻也是父親和母親聚少離多的原因。時光荏苒，歲月如流，走郵路的人，從父親變為兒子，這三天兩夜是兒子意興風發的最初，卻是父親黯然神傷的最終。然而未來有無數的三天兩夜，成為一個週期，而在這工作環境中奮力不

懈的人，則是讓這個週期恆常作用的動力。子承父業，克紹箕裘，退休的父親，接棒的兒子，而兒子的工作，也將由父親接手。父親、兒子工作的互換，身份的錯置，強化傳承的意義，循環往復、生生不息，適足以與現實中郵路的「圓」相加以呼應。此外，父子過河之後，那三座不停旋轉的水車，同樣傳達出圓滿的意象。

「我」片同樣以一條道路貫串全片。這條路，交通鄉村與縣城，連結招娣與駱老師。愛情的興發，死亡的回歸，緣起、緣滅，皆在這條路上。駱老師的一生，無私的奉獻給三合屯的小學校。他為學校而來，也為學校而死。學校是他和招娣相遇的推手，同時也是他和摯愛分離的殺手。他來時，學校正在興建；他死後，學校即將改建。興建（新）、衰敗（舊）、重建（新），周而復始，循環不已。舊時的「紅」已褪色，新織的「紅」正等著上樑。嶄新的學校，將在原址上矗立，而駱老師也會在前井旁，永遠守護著他終身掛念的學校。死亡（駱老師）與翻蓋（學校），隕落與再生，絕望與希望，同時並峙。從而讓我們領會，肉體終將灰飛湮滅，然而愛不會隨著死亡而終結。

在新學校落成之餘，生子帶領著學生琅琅讀著父親自編的課文，讓聞聲而至的母親熱淚盈眶。此時父親與兒子的聲音重合，顯現傳承的意味。即令最後兒子仍未從事教職，然而父親的精神將永存，而教育仍

會代代相承、無限綿延。

　　第三：兩片中的女性，多是執著的等候者。「那」片中的母親，佇立於門口，靜候於橋邊，殷殷等待著家人：年輕時等良人，年老時等兒子。然而，同樣是無悔的守候，母親的等待有著伊人來歸的幸福，而五婆則是望穿秋水卻渺無人蹤的悵然。

　　相較之下，「我」片更強調招娣等待的動作和心情：她等在駱老師必經的路上，那一轉身一回眸的重複身影，在在展現她熱切的渴望；她等著駱老師到家中來吃飯，當駱老師大口咀嚼她所準備的飯菜，她也細細咀嚼著屬於自己的幸福；她等在無人的學校之中，悉心的整理灑掃，為意中人守護他最重視的志業；她等在皚皚冰雪之中，忸忸的候著遠方的歸人。

　　藉由「等待」，讓我們更能感受兩片中女性的韌性和深情。

　　第四：兩片均採今昔交錯的拍攝手法。「那」片於平鋪直敘之中，娓娓訴說著親子雙方的感情流動，並輔以回憶為插敘，今昔影像銜接流暢。而「我」片則以現在、過去、現在三段式構成，以「鏡框式」的手法述說故事。在處理回憶部分，「那」片並未刻意在顏色上著墨（有數段記憶以泛黃的色調處理，以和現實做一區隔），然而「我」片則別出心裁，巧立顏色符碼。現實的世界，時值寒冬，萬物蕭索，而主角亦處於生命當中最寒冷的冬天。因此導演刻意的以

「黑白」表示現在，一來捻出現實的季節，二來呼應
人物的心境。然而回憶篩落了現實不完美的雜質，只
保存最純粹的圓滿，停格在那青春的扉頁，燦爛美好
的年歲，故一轉入過去，色彩繽紛了起來。

　　此外，兩片均以兒子為旁白，同樣描繪父親對工
作無私的奉獻，同時也展現父親和母親之間的情深意
重，人際之間的和諧互助，以及親子之間的包容和體
諒。在題材上雖各有側重（「那」片重親情、「我」片
重愛情），然要皆情韻動人，感人至深。

陸、結　語

　　台大教授陳鼓應先生對本片推崇備至，他曾說：
「這是一部表達中國道家美學的代表作，簡單、樸實
而浪漫。沒想到這麼遙遠山裡的純樸故事，可以拍得
這麼好看，真叫人感動。讓我想起老莊哲學的美，平
時不知道該如何讓學生明白莊子的生命美學，這下可
有了最好的教材。」

　　綜觀本片，片名即開宗明義指涉本片的肌理內
容。山，是湖南的深山，父親一生奉獻的場域；人，
是嚴謹的父親，是貼心的兒子，是純樸的山中人；狗，
是忠心耿耿的伙伴，是父愛的象徵。「那山」，綠意盎
然，蒼翠怡人；「那人」，溫厚良善，可愛可親；「那

狗」，忠實機敏，伶俐乖覺，共同譜出最平凡，卻閃耀著熠熠輝光的人間至情。（原載於《中國語文》第615期）

範文「作者」的教學策略

林淑雲　　汪文祺

壹、前　言

　　章學誠曾言:「不知古人之世,不可妄論古人之文辭也;知其世矣,不知古人之身處,亦不可遽論其文也。」(《文史通義・文德》)章氏之言雖針對古人之文辭而發,實則「知人」、「論世」為瞭解任何時代作品的首要工作。《孟子・萬章・下》中亦說:「頌其詩,讀其書,不知其人,可乎?」經由對作者身世、情性、際遇、交遊的理解,可以更清楚其寫作的初衷背景,有助於掌握文章之內蘊精髓。然則,在有限的教學時間中,教師應將重心置於課文之分段讀講與深究鑑賞,切不可本末倒置,花過多的時間氣力講述作者生平。準此,如何有效率的進行「作者」教學,實為教師應具備的基本能力。

貳、教學策略

一、掌握內涵，生動講述

　　教師於進行「作者」教學之前，應先對其內涵有基本的認識。一般而言，作者介紹需含括姓名字號、生卒年月、生平際遇、家庭環境、時代背景等要項，其內涵大要可圖示如下：

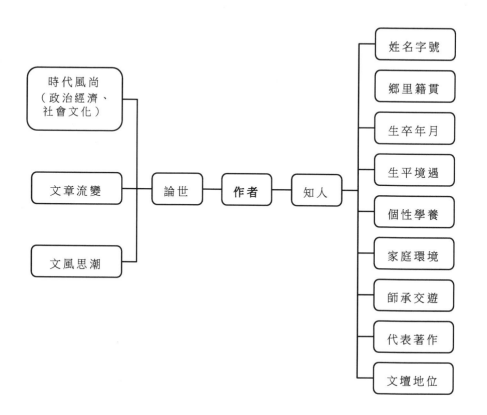

　　每一位作者生平自有其特殊之處，因此教師可擇要加以說明。（各項內容之講述要重點可參考王師更生《國文教學新論》，台北：明文書局，一九八二年四月，頁五十~五二。王明通《中學國文教學法研究》，台北：五南圖書出版公司，二〇〇三年八月，頁一八八~一九一，在此不另贅述。）

　　在講述作者背景資料及軼事趣聞時，教師須熟稔內容，生動講述作者的生平及情志，讓學生瞭解作者的個性、遭際與寫作風格。如〈兒時記趣〉之作者沈復，為生活所需，屈居幕客卻不善逢迎拍馬，工作上頗不順遂。然而就如陳毓羆所言：「可詛咒的封建社會奪去了他妻子陳芸的生命，毀壞了他們的幸福生活，使他為衣食所迫而不得不到處奔走，可是卻永遠也改變不了他那藝術家的氣質和性格，無法使他墮落成為一個庸俗的文人。」（《沈三白和他的浮生六記》，台北：大安出版社，一九九六年，頁二十七）他與芸娘，夫唱婦隨，鶼鰈情濃。平日書畫自娛，愛花成癖，淡泊自適，恬然自樂。也唯有此容與自得的天性，方能於兒時即善用敏銳的觀察力和豐富的想像力，為生活增添無數的樂趣。

　　此外，教師於解讀範文句意時，亦可與作者的個人際遇加以結合。如楊喚〈夏夜〉開篇以蝴蝶蜜蜂、羊隊牛群、火紅太陽均「回家」(回來)了，作為夜晚來臨的序曲。何以一再言及「回家」，實因楊喚內心

深處對家的渴望。楊喚的生母，在其未滿週歲時即病逝，父親的不負責任，繼母的百般虐待，讓楊喚從小「在哭聲中裡長大」。沒有享受過家庭溫暖的楊喚，企盼渴求回家的喜悅與溫馨，塗抹在作品中的就是一句句「回家了」的雀躍。錢谷融認為文學作品的創作原因，存在著「缺乏性動機」。「所謂缺乏性動機，就是基於人的生活中的某種缺乏或痛苦而產生的動機。」(《文藝心理學》，上海：華東師範大學出版社，一九八七年，頁一二八) 在此，文學是一種救贖，補償了楊喚無家可歸的遺憾。同樣的，瞭解吳敬梓摒棄仕進、貧困潦倒的生平，就更能體會王冕所言：「我在學堂坐著，心裡也悶，不如往他家放牛，倒快活些」的這一番言論，不僅是寬慰母親的貼心之語，實則亦是吳敬梓藉王冕之口表達出對於當時教育制度的不滿，對八股文的揚棄。

二、善用圖表，畫龍點睛

　　教師進行「作者」教學時，應根據作者欄加以整理，圖示於黑板或學習單上，並隨機補充。此時可妥善運用圖表，以求條目清暢，綱舉目張。圖表型態示例並說明如下：

(一) 概念圖

　　「作者」教學不應是作家生平資料的堆砌，教師於講授時，應擷取與課文密切相關者加以鋪陳闡釋。茲以〈背影〉之作者朱自清為例：

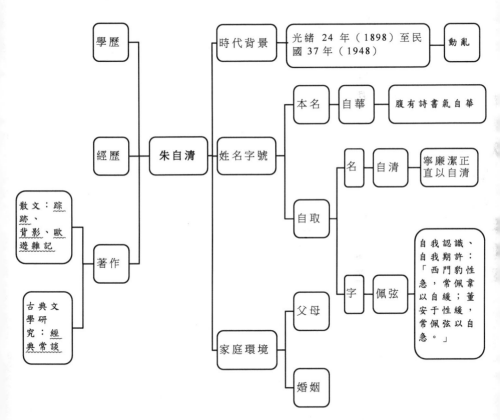

　　1、時代背景：光緒年間以降，動亂不堪，國無寧日。朱自清於民國十六年撰述〈荷塘月色〉一文，開篇即寫著：「這幾天心裡頗不寧靜。」為何不寧靜？

一是家事紛擾，骨肉離散；一是寧漢分裂，時局混亂。〈背影〉作於民國十六年（一說十四年），此時風雲開闊，局勢動盪。瞭解此背景，更能體會朱父為朱自清揀了靠車門位置的用心。

　　2、姓名字號：張愛玲於散文集《流言》中，提到「為人取名字是一種輕便的、小規模的創造。」事實上，不論是為人取名抑或是自我命名，其背後屢屢承載著不同的故事與意義。朱自清本名自華，取「腹有詩書氣自華」之意，由此可見朱父對其的殷切期盼。民國六年，朱氏於投考北京大學哲學系之際，自取名為自清，取《楚辭・卜居》：「寧廉潔正直以自清」之意，表現朱氏對於自身節操的期許。除此之外，此名或亦表現朱自清希望能一掃家道中落，經濟拮据的窘況，早日清償家中債務。準此，「自清」之名，一是經濟上的希冀，一是人格上的昭示；一是對家庭的負責，一是對己身的安頓。而「佩弦」一詞，出自於《韓非子・觀行》：「西門豹性急，常佩韋以自緩；董安于性緩，常佩弦以自急。」朱自清為人溫和寬厚、拘謹靦腆，故以「佩弦」自警，提醒自己當更蹈厲奮發，由此可見其對自身的認識之深。而由其於自我命名時，均扣合古書之言可見，朱氏果然飽讀詩書、學富五車，無忝其父命名「自華」之希冀。

　　3、家庭環境：〈背影〉一文著眼於父子之情，因此教師講授時應著重於朱自清與父親的互動。父子因

錢而失和，因姨娘而齟齬，在寫作〈背影〉時，兩人已兩年多未曾謀面，關係疏離，然而人倫血脈，未可割捨與斷絕。一九四七年，朱自清於《文學知識》中說道：「我寫〈背影〉就因為文中所引的父親的來信那句話。當時讀了父親的信，真的淚如泉湧。我父親待我的許多好處，特別是背影裡所敘的那一回，想起來跟在眼前一般無二。」兩人雖爭執風波不斷，朱自清卻仍傾注思念之情與感念之意於字裡行間之中。瞭解作者創作的時空及背後的情由，益發令人感受親情之可貴與動人處。至若朱自清的婚姻關係，因與課文較無關涉，宜簡略說明，如時間不允許，缺而弗論亦可。

　　4、學歷：作家的創作不能自外於文化傳統的浸潤、社會環境的制約以及時代思潮的影響。朱自清畢業於北京大學哲學系，其就學時系主任為胡適。胡適為五四運動之先驅，高舉文學革命之大纛。影響所及，朱自清於白話文學運動中著力甚深。此部份僅需言及，不需深入介紹五四運動之緣起始末、風起雲湧，以免模糊焦點、喧賓奪主。

　　5、經歷：朱自清致力於語文教育，一生從事教職。此部份可配合課文，略加說明。

　　6、著作：「朱自清的創作大體上可分為三個時期，一九二五年以前主要是詩，以後主要是散文，抗戰勝利後則主要是雜文。」（侯吉諒主編：《朱自清》，

台北：海風出版社有限公司，一九九六年九月，頁七）
教師應針對朱自清之作品加以分類或分期介紹，從而
讓學生掌握其創作風格，並瞭解其於文壇的地位和貢
獻。

（二）數線圖

數線圖可具體呈現作者生命歷程之幽微起伏，茲
以〈桃花源記〉之作者陶淵明為例：

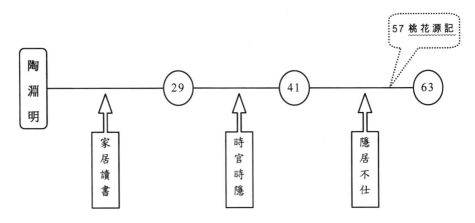

陶淵明一生可分為三大時期，二十九歲之前為家
居讀書時期。他曾自言「少年罕人事，游好在六經」，
其於擬古詩第八首中說：「少時壯且厲，撫劍獨行遊。」
可見其早歲喜讀儒家經典，個性剛猛。雜詩十二首之
五亦云：「憶我少壯時，無樂自欣豫，猛志逸四海，
騫翮思遠翥。」年少時血氣方剛，也曾懷抱凌雲之志，
思欲展翅高飛，胸懷四海。此時非只有獨善之心，更

自有濟世之懷。他曾在〈讀史述九章‧屈原〉中提及自己的抱負:「進德修業,將以及時,如彼稷、契,孰不願之。」為稷和契的目的何在?無非就在大濟蒼生、有為於世。基於這樣的理念,因此淵明於二十九歲「起為州祭酒」,雖然出仕之因,史傳的記載不無為稻粱謀的意味,但那深藏於心的淑世之教,顯然也是重要的驅策動力。然而混跡官場,益見其腐敗險惡,他終於「不堪吏職,少日,自解歸」,此後又擔任鎮軍參軍、建威參軍等職,四十一歲任彭澤令,八十餘日卻又感慨「我不能為五斗米,折腰向鄉里小人。」因此解綬辭印,從此歸隱,不再出仕。

　　教師於說明時,應著力於作者各階段心境的解說、作品的印證,讓學生更能瞭解陶淵明各階段之思想型態,進而深究範文篇旨的意蘊。

(三)年　譜

　　年譜可臚列作者重要的生平事蹟,有助於瞭解作者生平之梗概。以下以〈晚遊六橋待月記〉之作者袁宏道為例:

袁宏道年譜簡編		
時　　間	年　　齡	生平述要
穆宗隆慶二年（1568）	一歲	生於湖北省公安縣（十二月初六）。
神宗萬曆三年（1575）	八歲	喪母。
神宗萬曆十一年（1583）	十六歲	中秀才。 組成文社，自任社長。
神宗萬曆十六年（1588）	二十一歲	鄉試及第，考取舉人。
神宗萬曆十七年（1589）	二十二歲	會試落第，鎩羽而歸。
神宗萬曆十九年（1591）	二十四歲	前往湖北省麻城龍湖，拜會李贄。
神宗萬曆二十年（1592）	二十五歲	進士及第。 告假歸鄉，組成南平社。
神宗萬曆二十二年（1594）	二十七歲	任吳縣縣令。
神宗萬曆二十四年（1596）	二十九歲	罹患瘧疾，養病告假，未准。
神宗萬曆二十五年（1597）	三十歲	獲准請辭吳縣縣令。 遊覽江南名勝。
神宗萬曆二十六年（1598）	三十一歲	任順天府教授。
神宗萬曆二十七年（1599）	三十二歲	遷為國子監助教。
神宗萬曆二十八年（1600）	三十三歲	任禮部儀制清吏司主事。 七月，奉使河南。 八月，和弟袁中道回鄉省親。 十一月，兄袁宗道病逝。
神宗萬曆二十九年（1601）	三十四歲	高臥柳浪。
神宗萬曆三十四年（1606）	三十九歲	和弟袁中道一同入京。 任禮部儀制司主事。
神宗萬曆三十六年（1608）	四十一歲	任吏部驗封司主事。
神宗萬曆三十七年（1609）	四十二歲	至陝西擔任鄉試主考。
神宗萬曆三十八年（1610）	四十三歲	告假南歸。病逝（九月初六）。

（資料來源：節錄自周群《袁宏道評傳》，南京大學出版社）

　　明代袁宏道以清麗活潑的筆觸，創作出諸多膾炙人口的遊記散文，這位自言有「山水癖」的文人，一生三仕三隱。官宦生活並不符合他的志向，他想的是在山水中真誠的面對自己。由此年譜中，更能讓學生瞭解其為官歷程和生命動向，從而體會作者創作時之「心境」。

三、設計活動，活化教學

　　為強化學生自學能力之培養，跳脫被動注入的學習模式，教師於「作者」教學之前，可運用學習單，讓學生自行蒐集相關資料。茲示例如下：

現代詩壇的謫仙──鄭愁予

※我所蒐集的資料（包括書籍介紹、報章雜誌、網路資訊等）

※我所認識的鄭愁予

　　學習單形式不拘，內容多元，教師可配合作者之特質及課程之需要自行設計，藉以培養學生的閱讀習

慣，增廣其閱讀面向，同時提升其類比統整的能力。而教師於課堂上，亦應適時輔以活動，或讓學生口述分享，或以分組進行報告。使「作者」教學不只是教師單向的講授而已，能同時融合自學輔導、發表、啟發、欣賞等教學法，增進學生的語文能力。

四、巧用媒體，加深印象

　　經由影音的輔助，作者的音容相貌以及生平經歷可更豐富的呈現。準此，教師進行「作者」教學時，可衡量教學需要，酌加運用投影機、電腦、DVD等視聽媒體。如教師於講述魯迅、張愛玲、徐志摩、朱自清、賴和、鍾理和等作家時，可播放春暉影業製作的「作家身影」系列；陳黎、廖鴻基生平介紹則可搭配公共電視台所製播的「文學風景」。此外，教育部普通高級中學新課程國文學科中心網站載有「趣看現代作家」影片，胡適、吳晟、蕭蕭、余光中、洪醒夫等人的資料可供參考；而「人間四月天」、「原鄉人」等傳記性影片，亦可作為徐志摩、鍾理和生平的註解，凡此種種，不一而足。在視聽媒體中，作家或現身說法，或遺芳再現。經由影音，作家生平化平面為立體，化抽象為具體，不僅可活潑教學過程，同時也加深學生記憶。惟媒體需適時適度使用，切不可捨本逐末、反客為主。

參、結　語

　　陸游於〈上辛給事書〉中寫道:「君子之文也,如日月之明,金石之聲,江海之濤瀾,虎豹之炳蔚,必有是實,乃有是文。」職是之故,作家的文學生命與作品的型態風格,往往受其天賦、才性、生長環境、時代背景所影響。因此「作者」教學實是範文教學之基礎,有助於學生解讀課文,深化對作品的體悟與闡釋。

　　至若「作者」教學與「題解」教學孰先孰後之問題,筆者以為教師可依個人習慣,考量教學之流程及效果,斟酌其實施之先後順序。而在從事「作者」教學時,教師應嫻熟教學內涵,確實掌握教學重點;並應設計活動,以激發學生學習興趣;且適度輔以圖表,以提高學習效率;酌予搭配媒體,強化學習印象;再益以系統化、條理化的講授,達到「知人」、「論世」的目標。(原載於《中國語文》第 634 期)

範文「題解」的教學策略

林淑雲　汪文祺

壹、前　言

　　現行課本於正文之前均列有「題解」,「題解」作為範文教學發展活動之開端,有何意義和作用?此實是進行「題解」教學前,教師應先釐清之處。

　　事實上,綜觀國、高中之範文,細加推求其「題解」,不難發現其中內蘊豐富,值得探索掘發。而範文教學欲全其功,除了對文字的詳細剖析,對內容的條分縷析,對作法的深究鑑賞,對情意的深度發揚,並應著力於提升學生的閱讀能力,而「題解」教學正是培養此能力的絕佳途徑。

　　以下茲就題文之重要性及「題解」教學的步驟兩方面加以說明,以明其於國文教學中不可或缺之地位。

貳、題文之重要性

　　張愛玲以為「為人取名字是一種輕便的、小規模的創造」，張氏所言雖針對取人名而發聲，然而擴而充之，實則所有的命名活動均具有此創造性的過程。

　　走進書店，在汗牛充棟的書籍中，哪一本書籍能引發我們駐足的衝動？搜尋資料，哪一個網頁能讓我們有一窺究竟的想法？電影的片名，是否會左右我們觀覽的意願？商家的招牌，是否隱含著玄機而令人懸想？在資訊爆炸時代，太多的訊息穿眼而過，如何在第一時間引發閱聽者青睞，是一門高深的學問，而標題往往扮演著舉足輕重的位置。

　　有些標題具有明示內容的作用，如電影「飛機上有蛇」，明白點出事件發生的地點。如果在飛行之際，發現飛機上有令人驚駭的毒蛇，在逃生無門，呼天無益的情況下，讓我們不禁好奇解除危機的方法。中學課本中，這樣的例子所在多有，梁實秋的〈鳥〉、商禽的〈眉〉，均屬此例。

　　其次，所謂「題好一半文」，創意性的標題，往往更能凸顯作者的巧思，此點在現代文學作品中尤為明顯。如同樣以樹為題，廖玉蕙的〈我從小喜歡種樹〉，寫得並非自己的童年往事，而是閱卷時的有趣

觀察。小野的〈阿勃勒垂淚時〉，則是藉校樹以喻師大莘莘學子，畢業之際的忐忑心情。白先勇的〈樹猶如此〉，人樹雙寫，以樹喻人，文中滿溢著與摯友王國祥的深刻情誼。篇題巧用《世說新語‧言語》之言，題面後吞吐的則是「人何以堪」的惆悵哀傷。至若陳大為的〈木部十二劃〉，不直寫主題「樹」，而以紆曲之法，利用樹的部首、筆畫，巧構題目，發人好奇。

第三，部分篇題可註解內文之要義。如張愛玲之精品散文〈愛〉，全文僅三百餘字，卻能先敘後論，藉由村莊男女的短暫遇合，觸發對於人生情緣的精闢詮解。全文無一「愛」字，卻是對「愛」的精彩辯證，篇題名之為「愛」，適足以發明其內容。同時，「愛」之音讀，亦提供我們解讀此文的另一途徑。篇中男女，情愫萌動生發，愛在「『曖』昧」中，塗抹著無限的可能性。然則緣分稍縱即逝，女子輾轉流離，男女雙方終成陌路，愛在「障『礙』」中夭折，終究只能留下「唉」的長嘆，徒留當事人甚而是讀者的無限「哀」感。因此，篇題之「愛」字，可以是總攝全文的關鍵詞，同時亦是情感的狀態、過程、結果的具體呈現。一字多義，發人深省。

準此，題目對於文章，實具有畫龍點睛的作用。而教師於處理題文之際，不僅可藉由解說或討論篇題的意義，激發學生的學習興趣與思辨能力，同時並能藉此幫助學生深入學習，掌握課文要旨。再進一步和

作文教學結合，提升學生審題立意的能力，加強學生的寫作。

參、「題解」教學的步驟

　　教師於進行「題解」教學之前，應先對於「題解」的內容有基本的認識。一般而言，題解包括題目的解釋、體裁、出處、寫作背景、課文大要、寫作特點及文學成就等要項。其講解過程，依姚振黎於〈如何進行題解教學〉中所言，可圖示為：

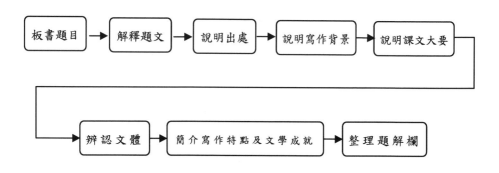

　　以下依其步驟，逐項說明如下：

第一、板書題目

　　教師於黑板上板書題文與作者姓名，明示上課的內容。板書時，應注意字體的正確、美觀以及筆順，

同時對於題目中容易寫錯的字加以說明。如：〈桃花源記〉之「源」，不可作「園」，〈聲音鐘〉之「鐘」，不可作「鍾」，提醒學生注意，不可書寫錯誤。

第二、解釋題文

王師更生於《國文教學新論》（台北：明文書局，一九八二年四月，頁四十八~四十九）中，特別臚列解釋題文時應注意的事項，其中筆者以為尤需留意者有下列數項：

其一，命題者為何人？

是作者自撰，抑或是後人或編者所加。如：〈背影〉為朱自清自名，而胡適〈母親的教誨〉，篇題則是編者根據內容所加。作者自名的作品，教師可引領學生思索篇題的內涵，從而增加學生對全文的掌握度。旁人所命，則可開放讓學生習作其他命名的可能性。

其二，注意題目有無標示體裁。

題目如有明確指出體裁，可於解釋題文時加以說明。如：韓愈〈師說〉、周敦頤〈愛蓮說〉，屬說體類，用以闡釋己見，剖析事理。劉禹錫〈陋室銘〉，屬銘箴體，多刻於器物或石碑上，用以自我勸勉或頌揚功德。

其三，注意題文的意義。

詞牌、曲牌，和文章內容往往無涉。至若有意義之題目，亦可依其難度，決定解說的時間和深度。簡單易懂者，如李捷金〈小白豬〉、古蒙仁〈吃冰的滋味〉，

因和學生的生活經驗息息相關，教師即不需多費脣舌，說明豬的分類、冰的狀態。深奧難知者，則可就題面之玄機加以交待，如：李白〈黃鶴樓送孟浩然之廣陵〉，「黃鶴樓」、「廣陵」位於何處？「之」字詞性為何？作何解釋？「孟浩然」為何人？與李白有何關係？均應一一說明，不可敷衍了事。

　　此外，教師可妥善運用閱讀策略中的「預測策略」，讓學生思考題面的含意。如：琦君〈一對金手鐲〉，可先讓學生思索：為什麼是「一對」？「金」的含意、「手鐲」的意象。賴和〈一桿『稱仔』〉可先請學生就「稱仔」的象徵意義加以觸發，並思考篇題『稱仔』加上引號的作用。待學生發言後，加以整理，並於講解課文時一一檢視。

第三、說明本文出處

　　如徐志摩〈我所知道的康橋〉初載於民國十五年元月份的晨報副刊，後收入由傳記文學出版社印行的《徐志摩全集》。〈王冕的少年時代〉則是從吳敬梓《儒林外史》節選而出（此時應特別說明其為節錄，且篇題為後人所加）。教師需進一步說明《儒林外史》這一本書的性質，以及王冕於全書楔子出現的意義。

第四、說明寫作時間、背景及創作動機

　　如袁宏道於明神宗萬曆二十五年（西元一五九七年）辭去吳縣縣令，隨即漫遊西湖，寫下十六篇〈西湖雜記〉，〈晚遊六橋待月記〉即為第二篇。文中描寫

六橋一帶的春光美景，投射著作者飽覽水色的容與閒
適。而王安石名作〈泊船瓜洲〉作於宋神宗熙寧八年
（西元一○七五年），此時王安石二次拜相，是以文
中以「又」字表明自己二度在朝，同時以「明月何時
照我還」表達己身思鄉之情。由此可知寫作的內容往
往與作者的經歷有莫大的關連，因此瞭解寫作背景實
有助於理解文本之意蘊。

第五、說明課文大要

教師於進行「題解」教學時，應簡述課文大要，
而於「分段讀講」全課後，亦應就題解欄再說明一次，
以期加深學生印象。說明課文大要時，可請學生在沒
有看過題解的情況下，先行口述，並隨機指出各種文
體不同的側重點。如記敘文，所重則為「人事時地
物」，〈大明湖〉一文中：人為老殘，事為遊大明湖，
時為秋天，地為山東濟南，物為三幅對聯，讓學生一
一掌握，從而學習組織說明全文大要之方法。

第六、辨認文體

題目中已標示文體者，應於「解釋題文」時剖析
其文體特質。沒有標明文體，但題解中又已言明者（如
〈兒時記趣〉（翰林版）之題解寫著：「本文節選自《浮
生六記》，是一篇記敘文），教師亦可針對此文體之寫
作重點加以說明。如於「解釋題文」時未及言明，可
於說明課文大要之後，就文體的特殊處加以辨析（此
階段如未能詳盡解說，可留待「深究鑑賞」時再行補

充）。有些文體需詳加說明，特別是學生第一次接觸的體裁，如「樂府」、「童詩」等，抑或特殊的體裁，如「筆記小說」、「章回小說」等，或容易混淆者，如「出師表」、「瀧岡阡表」，同名為表，一為奏議體、一為碑誌類，要皆不可不辨，亦不可不明。

第七、簡介寫作特點及文學成就

題解欄每每針對此文的寫作特色或文學成就做出概括說明，如〈背影〉（翰林版）一文即寫著：「作者以樸素的文字和寫實的手法，在尋常的事件中，凸顯深摯的親情。」此時不宜做太深入的闡釋，僅就文字的含意加以詮說，並以此拋出問題，提示學生閱讀全文時的重點。當講述全文完畢，請學生說明：何謂寫實手法？尋常事件的內容為何？要而言之，以題解的說明做為「深究鑑賞」的先備知識，在題解的基礎上，培養學生歸納和演繹的能力。

第八、整理題解欄

教師講述題解欄之後，可運用閱讀策略中的「畫線策略」，整理其「生難字詞」並作「重點標示」。而在說明何謂重點時，應特別指出重點會因人、因時、因地、因語境不同而各有偏重。如以《射雕英雄傳》人物為例：郭靖對黃蓉說：「我愛你」，直言所愛非華箏，而是嬌俏可人的黃蓉，表明自己的專一深情，重點在於「你」字。如華箏對郭靖說：「我愛你」，表明己心的無私奉獻，縱然愛而不得所愛，亦情至深處無

怨尤，重點在於「我」字；至若詭詐投機的楊康對於穆念慈說著：「我愛你」，重點則在於「愛」字，陳說自己對於對方的感情，並非遊戲人間的逢場作戲，而是真情實意。教師可運用生活化的例子，於講述中隨機提點，進而培養學生判斷重點的能力。

肆、結　語

美國學者海曼、布萊爾等人曾針對閱讀前、中、後三階段提出不同的學習策略（說見潘師麗珠《閱讀的策略》（台北：商周出版，二〇〇八年十二月，頁八十一~八十五），其於「閱讀前」提出「討論關鍵單字與概念」、「閱讀文章提要以發展整體概念」、「預測文章內容」、「建立閱讀目標」等方法，徵諸「題解」教學之內涵，可謂不謀而合。

事實上，「題解」教學作為範文教學「分段讀講」之先導，教師可藉由說明題文、出處及寫作背景、課文大要，加深學生對課文的理解。經由題文預測文章內容，增進學生的思辨能力。而對文章寫作特點以及作者文學成就的介紹，可令學生於閱讀課文時按圖索驥掌握重點。由此可見「題解」教學之必要性和重要性，需審慎為之，不可輕忽。（原載於《中國語文》第 622 期）

國中經典範文教學

——孟浩然〈過故人莊〉探析

汪文祺　林淑雲

　　孟浩然為唐代山水田園詩派的翹楚，其〈過故人莊〉為膾炙人口，傳唱千古之名篇。在看似隨筆，樸實無華的文字中，明媚的農家風光與濃郁的真摯友情交織出情味雋永的作品。清代黃生以為此詩：「全首俱以信口道出，筆尖幾不著點墨。」（《唐詩摘抄》）不賣弄玄虛，不炫異爭奇，確實實踐沈德潛評論孟浩然作品：「語淡而味終不薄」（《唐詩別裁》）之精髓。因此教師於教學時，除了講授字詞的表層意義，更應在解釋、翻譯之外，闡釋文本意蘊，讓學生能經由課文，刻繪詩中的畫面和場景，咀嚼文字的深層旨趣，涵泳箇中情韻。掌握語文的多義性，落實國文教學強化認知、充實技能、陶冶情意的目標。

　　〈過故人莊〉短短四十字，情境優美，造語平易，無太多生難字詞。教師於講授時應巧妙利用提問導引，連結生活經驗、生命體會，讓學生思索文字背後

湧現的心情感受。教師可先要求學生閱讀詩文，訓練學生畫出各聯主題順序圖：邀約→赴約→聚會→再約（有關主題結構段落順序圖的教學，請參考鄭圓鈴老師的部落格──圓鈴老師的閱讀加油站），再進一步解說。

教師講解首聯「故人具雞黍，邀我至田家」時，除了說明「故人」、「具」、「雞黍」的字面意義，對於「具雞黍」宜特別著力處理。教師可先圖示表格，於解說時請學生一一填入內容：

字　詞	含　意		說　明
具雞黍	就地取材		田園風味
	誠心設宴		老友盛情
	用典	范式、張劭約期一至，張劭設宴相待，范式依約而至	重信守諾，不負約期
		《論語・微子》記載子路遇荷蓧丈人	主人乃隱士高人

農家待客，就地取材，雖然沒有豪華盛大的排場，卻也誠心設宴，殺了逢年過節才會加菜的家禽。在此，除了說明「雞黍」與田家的連接，亦應讓學生聯想自身生活的經驗，體會孟浩然老友殺雞作黍此行

動所透顯的心意，準備菜餚背後殷切的情誼。同時亦應進一步說明具雞黍的典故：范式與張劭為太學同窗好友，告歸鄉里之際，約定二年後范式將至張劭家中拜訪。九月十五約期一至，張劭殺雞作黍，設宴相待，而范式也依約而至。（明・馮夢龍《喻世明言・范巨卿雞黍死生交》言范式為求如期相會，自盡身亡，魂魄日行千里赴約。）讓學生領會范式、張劭倆人的真誠友誼，由此亦可反映出孟浩然與友人之間並非酒肉之交，而是赤誠相待的朋友，同時也為詩末的重陽之約，立下重信守諾，不負約期的註腳。（《論語・微子》記載子路遇荷蓧丈人，丈人「止子路宿，殺雞為黍而食之」……，明日，子路行以告，子曰：「隱者也」。而唐代詩文中，「雞黍」一詞亦時有所見，如：李白〈送戴十五歸衡嶽序〉：「雞黍之期，當速赴也」，高適〈贈別王十七管記〉：「款曲雞黍期，酸辛別離袂」，李商隱〈所居〉：「雞黍隨人設，蒲魚得地生」，教師可斟酌學生程度和教學時間，適當補充。）

　　頷聯「綠樹村邊合，青山郭外斜」二句寫赴約途中之景色，作者以精簡的文字勾勒出田園風情。而在教學時，教師可先分組請學生畫出詩中景物的構圖，藉以檢核學生的理解程度，進一步請學生認知其取景

和配色：

取　景	顏　色	位置圖	距　離	視　角
樹	綠	村邊合	近	低
山	青	郭外斜	遠	高

　　引導學生思考：景物是樹、山，兩者的地理位置如何排列？顏色是綠、青，與作者的心情有何關連？將「綠樹」、「青山」放在句首，採用「二、二、一」句式有何作用？合、斜二詞所呈顯的動態為何？進而理解前寫近景，後寫遠景，層次分明，靜中有動。「合」有向內環抱收縮之勢，「斜」有向外綿延伸展之姿，綠樹和青山是村莊的天然屏障，共同隔絕了外在的喧擾和塵囂，保存農家生意盎然的蓬勃以及清幽從容的閒逸。同時景中有情，誠如清代王夫之所言：「情景名為二而實不可離。」（《夕堂永日緒論內編》）綠色和青色所展現的生機與和諧，與主人翁愉悅的心情可相互呼應。人和自然融合無間，行旅晃蕩之際所見均是美好的景致，投射出審美主體觸目皆宜，隨遇而安的悠閒心志。

　　頸聯「開筵面場圃，把酒話桑麻」二句寫主客歡聚之樂。教師於授課時，應特別請學生分析兩句之主語為何？並爬梳場景之氛圍情調。前句寫聚會場地，面對曬穀場和菜圃此寬闊、幽敞的環境，賓主心曠神

怡，欣然自得。後句寫談資話題，與老友相會，把酒對酌，「相見無雜言，但道桑麻長」（陶淵明〈歸園田居〉），談論的是農家的瑣事，事不奇警，語亦家常，扣合首句「田家」生活。沒有名韁利鎖的羈牽，沒有藉酒澆愁的寂寥，只有躬耕的陶然和自適，回歸田園的淡泊與寧靜。

　　尾聯「待到重陽日，還來就菊花」寫客人臨別依依，預約再敘之期。教師可先請學生揣想自己的作客經驗，臨別之際通常的場面與話語，再對照〈過故人莊〉的場景，詢問學生此言有何意義和作用？再進一步探詢何以相約於秋高氣爽的「重陽節」？瞭解學生的先備知識後，說明「重陽節」登高、飲菊花酒之習俗：「汝南桓景隨費長房遊學累年，長房謂曰：『九月九日，汝家中當有災，宜急去，令家人各作絳囊，盛茱萸以繫臂，登高，飲菊花酒，此禍可除。』景如言，齊家登山。夕還，見雞犬牛羊，一時暴死。長房聞之曰：『此可代也。』今世人九日登高飲酒，婦人帶茱萸囊，蓋始於此。」（南朝梁・吳均《續齊諧記》）並可依學生程度，適時補充重陽節之詩句，如王維〈九月九日憶山東兄弟〉：「獨在異鄉為異客，每逢佳節倍思親，遙知兄弟登高處，遍插茱萸少一人」。白居易〈禁中九日對菊花酒憶元九〉：「賜酒盈杯誰共持，宮

花滿把獨相思，相思只傍花邊立，盡日吟君詠菊詩」等。同時請學生比較「故人具雞黍，邀我至田家」以及此二句所展現的態度有何差異？首二句言己受邀欣然而至，末二句則是主動提及來日再訪，由此可見今日宴飲之歡。主人熱忱相待，客人意猶未盡，因此預約重陽佳節，秋收農閒之際，再次相聚，言笑晏晏。

　　而「菊花」一詞，亦需加以說明統整。首先，重陽節本有飲菊花酒、賞菊之習俗，曹丕曾寫道：「九月九日，草木遍枯，而菊芬然獨秀，今奉一束。」（〈九日與鍾繇書〉）孟氏以此呼應節日，同時讓文字充滿詩情畫意。其二，親近菊花，實則是親近友人，不直言以表現詩歌委婉含蓄之美。其三，「菊，花之隱逸者也」，由此可知故人乃一隱居高士，孟浩然與之為友，亦可見其高情逸興。其四、陶淵明愛菊，世所皆知，孟氏之言，除了推崇老友之外，同時也是個人自況之言。孟浩然曾自言：「我愛陶家趣，林園無俗情。」（〈李氏園臥疾〉）又說：「嘗讀高士傳，最嘉陶徵君。」（〈仲夏歸南園寄京邑舊遊〉）因此在生活上，他嚮往躬耕自守的田園生活；在情志上，他也以陶氏不慕榮利之清操亮節為楷模。經由上述分析，「菊花」一詞意義多元，可圖示如下：

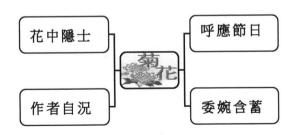

　　此外，「就」菊花之「就」字亦頗堪玩味。明代楊慎《升庵詩話》說：「孟集有『到得重陽日，還來就菊花』之句，刻本脫一『就』字，有擬補者，或作『醉』，或作『賞』，或作『泛』或作『對』，皆不同。後得善本是『就』字，乃知其妙。」清代朱之荊以為此字下筆有神，說道：「『就』字百思不到，若用『看』字，便覺無味矣！」（《增訂唐詩摘抄》）文達三亦說：「一個『就』字，可以使讀者突破時空的侷限，利用自己的知識、閱歷和內心心理結構中的文化積澱，對作品進行二度創造；從而體會到，從『就菊花』中隱隱透出的，是詩人品格的芬芳。」（文達三〈關於「斜」字的注解、表現性及其他─新編中學語文教材批判之一：〈過故人莊〉讀後〉）準此，教師可以楊慎之言為例，請學生發表「還來□菊花」中，□中尚可填入哪些字，並比較其與「就」字之優劣高下，以發明孟氏鍊字造句之用心與用意。

　　總而言之，〈過故人莊〉平實如話，親切有味。農家的生活，樸實簡單；故人的友誼，真摯動人。食物雖不是珍饈百味，住屋雖不是玉樓金閣，賞物雖不為奇珍異寶，卻能在簡淡省淨的文字中，再現人情之美，田園之樂，景美情真，恬靜閒適，讀之令人悠然神往。本文以之為例，以見學生語感之培養，即在尋常字句的講授之間。教師如能妥善引導，自能讓學生獨立思考，提高學習成效，厚植語文感受力，進而掌握詩歌語言之意境，涵融情意，修養性靈。（原載於《中國語文》第 664 期）

國中經典範文研讀

——陳之藩〈謝天〉賞析

林淑雲　汪文祺

　　筆者教授「國文教材教法」與「國文教材教法研究」課程多年。課程的目標之一，在於瞭解國文教學的基本架構，並能靈活運用於實際教學。準此，課程設計結合「理論」與「實務」，讓學生在實際操作中熟悉國文教學的流程及精髓。然多年來觀察學生的課堂試教，雖然一再強調，需妥善涵詠文意，適時輔以圖示，教學宜條分縷析，講授當深入淺出。但是在上台演示語體文時多流於處理字詞，簡單扼要的說明其主旨及結構，略述其情意教學之後即草草收束。而在教甄試教，甚至是實際的教學現場中，類似的情形亦層出不窮。部分教師因無法確切掌握文本寫作脈絡，故解說時只能流於片面，無法隨著作者的思路加以鋪展。如國中經典範文〈謝天〉，原文為隨筆式的雜感，看似隨性所至，一揮而就，但是仔細尋繹，仍可爬梳其行文理路。綜理分析，運用組織構圖，有助於精讀範文，增進學習效能。（結構圖見於下頁）

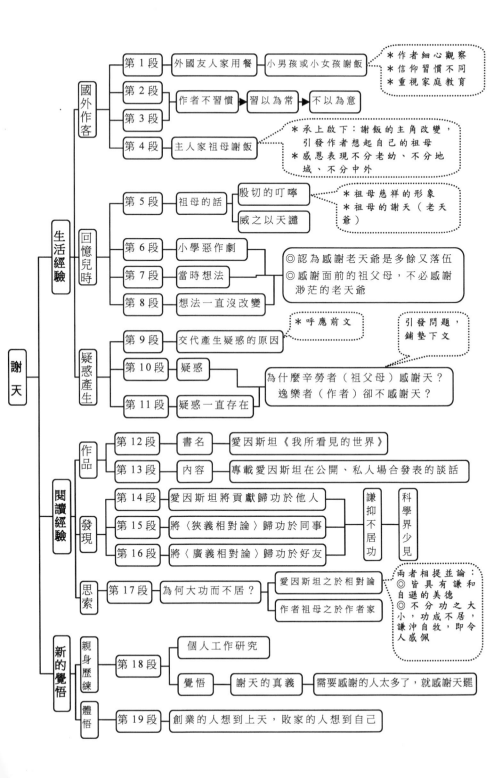

　　陳之藩〈謝天〉一文，以平實無華的筆觸，體悟「謝天」的真義。本文以教科書所選錄之課文為底本，繪製結構表，俾便掌握全文核心意旨。綜覽全篇，可析為三大部分：

　　第一段至第十一段為第一部分，立基於作客外國友人家中的經驗，引發兒時回憶，藉以帶出對「謝天」觀念的疑惑。

　　在第一段中，陳氏特別提及外國友人在用餐前屢屢由小男孩或小女孩進行謝飯禱告，以此感謝上天的賜予。在此，陳之藩雖提出現象卻未說明其用意，然讀者咀嚼文意，不難得知父母希冀在孩童時期即培養其感恩美德的用心，由此可見他們對家庭教育的重視。此外，也可看出各地信仰習慣的差異，以及作者對人情的洞悉及細膩的觀察。

　　第二段至第三段寫其對飯前禱告的態度。陳之藩由初始的尷尬不安至日後的習以為常。他自言對此活動無有太多感觸，僅認為是一種不同的風俗儀式，謝飯對他而言並不具意義。所以第三段他直言不諱的說道：「忘或不忘，也沒有太大的關係。」

　　至此，所有的一切似乎都得到一種平衡，一種漠視、不以為意、甚至無知覺、麻痺的平衡。配合著祈禱，是因為禮貌，是因為習慣，是因為入境問俗。因此，為讓作者有一番新的體悟，勢必要有新元素的注

入。在令人習以為常的場景中，加入一些些變化，進而刺激作者思考。而第四段中，主人家的祖母即擔此重任。

相仿的場景、相似的動作、不同的人物，謝飯的主角從稚子一換而為老人，彰顯謝天的觀念不分老幼均能實踐。中、西方的祖母觀念雷同、形象重合，讓陳之藩憶起祖母。同時也表彰「謝天」其實是不分地域、不分中外的普世理念。

藉由第四段的承上啟下，陳之藩因謝飯主角的改變，分外思念自己的祖母。在如潮水般湧來的回憶中，陳之藩於第五段中聚焦於凜冽寒冬中家人齊聚的溫暖。簡短字句中活化祖母的形象。「我總是坐在祖母身旁」，道盡自己的受寵。摸著頭的動作，將祖母對於孫子的寵溺形象化的展現。「老天爺賞我們家飽飯吃，記住，飯碗裡一粒米都不許剩，要是蹧蹋糧食，老天爺就不給咱們飯了」，三言兩語中，有對「一粥一飯，當思來處不易」的虔誠恭敬，有對「誰知盤中飧，粒粒皆辛苦」的殷切叮嚀，同時並威之以天譴，希冀孫子敬天畏天。在此，一個慈祥和藹卻又幾分迷信的老人家躍然紙上。

第六段至第八段寫小學時的陳之藩對祖母之言深不以為然。一是因為學校教育的教導，一是因為老天爺的渺茫難知。在給周昌畫上眼鏡，給關平戴上鬍

子的童騃歲月中，感謝老天爺是多餘又落伍的行徑。但是他尊敬祖父母，因為他們胼手胝足的建立家園。多年來，這個想法一直沒有改變。

　　第九段至第十一段寫其疑惑產生。第九段呼應前文，交代產生疑惑的原因。第十段提出辛勞者感謝上蒼，逸樂者卻不感謝老天爺的強烈對比，為什麼要謝天的疑問在陳氏心中盤旋，久久不去，從而引發問題，鋪墊下文。

　　第十二段至第十七段為第二部分。經由閱讀愛因斯坦的《我所看見的世界》，令陳之藩對謝天有了新的發現。

　　第十三段特別針對《我所看見的世界》此書的性質加以說明，在這些平凡無奇、看似贅語的文句中，其實有著相當重要的訊息：該書是非科學性的文集，記載的不是生硬冰冷的數據和深奧難知的理論，而是愛因斯坦在紀念會、歡迎會、朋友的葬禮中等公開、私人場合所發表的談話。這些聚會多屬情誼交流，因此我們可看見更真實的愛因斯坦。

　　第十四段至第十六段寫其閱讀時的發現：愛因斯坦將貢獻都歸之於他人。有來源者，則言「不是源於甲，就是由於乙」；無參考而嶄新獨創者如〈狹義相對論〉，則感謝同事的相互討論；奮鬥苦思十幾年的力作如〈廣義相對論〉，則歸功於好友的合作。其功

成不居的謙遜態度讓作者動容，從而連結自身的經驗，回扣上文的祖母，思索「大功而不居」的原由。

凡民農婦的「謝天」和偉大科學家的「謝人」在感謝對象上雖然有別，但均有著謙沖自牧的美德，具備不居功的美好情操。是以陳之藩將兩者相提並論。由此可見功無分大小，謙和自抑，即令人感佩。同時經由祖母與愛因斯坦的齊名並價，亦可得見祖母在陳之藩心中的份量。

然而，走筆至此，陳之藩只見到立大功者不居功的事實，卻不瞭解其背後的深意。

第十八段至第十九段為第三部分，言及自己對「謝天」真義的「新的覺悟」。此覺悟立基於自己的親身體會與躬行實踐，並將愛因斯坦的「謝人」和祖母的「謝天」兩相綰合。原來「謝人」和「謝天」是一為二、二為一的。當能具體說出感謝的人的名字時（紀念會、歡迎會、葬禮往往有具體目標）則「謝人」，當要感謝的人太多時而無法一一致謝時就「謝天」。謝天不為迷信，而是對人的有限的覺知。無論從事何事，我們在歷史洪流中攫取先人的遺愛和遺產以為基石，同時在現實生活中尋求眾人的支持和合作以為奧援。除此之外，尚需機會的到來以助一臂之力。所謂「成事在人，謀事在天」，至此，「謝天」的天，彷彿真有對冥冥之中造物主的禮敬。

　　文中夾敘夾議，以「謝天」概念為軸，由斥之為迷信至從閱讀中思索至從生活中覺悟，由「質疑→析疑→釋疑」，層層推進，逼出真義。文字淺白，意味深長。文中巧妙運用對照，或著墨想法的轉變，如面對謝飯，由初始的不適到習慣，由提醒自己「不要忘了」的戒慎，到「忘或不忘，也沒有太大關係」的無謂。或著眼場景的變化，如謝飯主角由孩童一變而為祖母，刺激作者的心緒。或啟動兩者的連結，如外國老太太雪白的頭髮，顫抖的聲音，讓作者想起自己的祖母，如「愛因斯坦之於相對論，像我祖母之於我家。」或強化兩者的差異，如「面前」的祖父母，「渺茫」的老天爺，一「真實」一「虛幻」；「祖父每年在風裡雨裡咬牙，祖母每年在茶裡飯裡自苦」，作者「明明是個小孩子，混吃混玩」，一「辛勞」一「逸樂」。「得之於人者太多，出之於己者太少」，一「得到」一「付出」，一「多」一「少」。「創業的人都會自然而然地想到上天，而敗家的人卻無時不想到自己」，一「感恩」一「自我」。爰是之故，其結構另可圖示如下：

文章架構		內容	一	二
起	質疑	國外作客 — 作者想法	剛到美國，面對謝飯儀式常鬧得尷尬，總是囑咐自己，不要忘了。	幾年來，面對謝飯變得很習慣。甚至覺得忘或不忘，也沒有太大的關係。
		謝飯主角	主人家的小男孩或小女孩	主人家的祖母
		人物聯想	外國祖母謝飯	作者祖母「謝天」
承		回憶兒時 — 感謝對象	感謝面前的祖父母	不必感謝渺茫的老天爺
		疑惑產生	辛勞者（祖父母）感謝上蒼	逸樂者（作者）卻不感謝老天爺
轉	析疑	思索	愛因斯坦之於相對論	作者祖母之於作者家
合	釋疑	新的覺悟	得之於人者太多	出之於己者太少
			創業的人自然而然地想到上天	敗家的人無時不想到自己

　　由此可見一篇看似漫談式的雜文，細細體會其文句，或摘要，或推論，或解釋，或歸因（上述四項之

內容可參見鄭圓鈴老師閱讀能力評量指標相關論文），則能掌握其思維脈絡與佈局技巧。而教師於教學之際，不需逐字逐句說明，可針對意義段歸納要旨，推導文意。講授時亦可就論說部分加以發揮，提問何者為本文的論點？而其論據為何？結論為何？利用問答法與學生切磋琢磨，深入文本內蘊。此外，針對陳之藩所舉事例與「謝天」意涵，進行情意教學。「謝天」不為迷信，不在求神祇賜福解厄，而是功成而弗居的優良品行，知恩不忘本的具體實踐。當此教育主管機關大聲疾呼重建品德教育之際，以「感恩惜福」為其義蘊的〈謝天〉，更值得反覆閱讀、省思。（原載於《中國語文》第 650 期）

概念構圖在國文教學上的運用

汪文祺　林淑雲

壹、前　言

　　中學生的形式運思能力已漸開展，此時更應透過有效學習策略的引導，提升其閱讀理解能力。Novak & Gowin（1984）將「概念構圖」定義為「這是一種圖示策略，用以將各種概念以命題架構方式做有意義的聯結與呈現」，可作為教學、學習、研究及評量的工具使用，透過概念圖的繪製，學生可以瞭解主要概念的整體意義、主要概念與次要概念之間的關係，培養學生組織訊息的能力，並可瞭解自我的思考模式與學習策略，使學習更具意義與主體性。

　　關於各種不同表徵的概念構圖樣式多元，如蛛網圖、階層圖、心智圖、鎖鍊圖等等。近年來，國立臺灣師範大學國文學系陳滿銘教授以章法學理論活化傳統課文結構分析表；王開府教授建構了語文教學的概念模組；鄭圓鈴教授轉化各式構圖組織，使之更適

用於範文分析與閱讀寫作教學。因此，可運用於國文教學的「概念構圖」更具多元性。

　　教學時，不必受制於一定圖式，可靈活運用，以視覺化的構圖，集中清楚呈現重要觀點，刪除次要訊息，當能有效幫助學生解析學習內容和記憶處理過程，達成有意義學習。

貳、概念構圖教學示例

一、詞語解說

　　詞語教學是語文教學的基礎，讓學生有效地理解範文中的重點詞語是一項很重要的教學任務。以《詩經·蒹葭》中的「蒹葭」為例（下圖為筆者的教學簡報）：

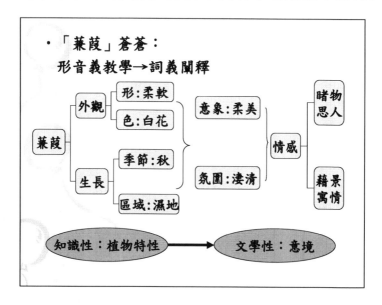

　　儘管學生可以通過工具書知曉「蒹葭」的形音義，但教師若能藉由提問圖示，引導學生進行有效的詞語聯想，可使學生不但容易記住這個詞語，更從知識層面進入文學意境，懂得這個詞語蘊含的感情，進而理解這個詞語營造了什麼情境，又可以在什麼樣的語境中運用。此時，對學生而言，「蒹葭」就不再只是一個平面單調的詞彙。

二、分段讀講

　　分段讀講的要項有三：字詞解說、句子剖析與段落深究，而段落深究最主要的就是「統整該段組織結構」和「闡釋該段思想情意」。教學時，可透過一連串的互動問題引導，師生共同完成概念構圖。茲以席慕蓉〈一棵開花的樹〉第一小節「如何讓你遇見我／在我最美麗的時刻／為這／我已在佛前／求了五百年／求祂讓我們結一段塵緣」為例：

課堂提問：（【　】內的文字為所欲訓練之閱讀能力）

(一)這一節的核心字詞？（求【摘要】）

(二)這一節就核心字如何開展詩文？（求什麼？怎麼求？【摘要】）

(三)「求什麼？」（【檢索訊息】）「你遇見我」和「我遇見你」有何不同？（【比較】）為何要求在「我最

美麗的時刻」相遇？（【推論】）

(四)「怎麼求？」(【檢索訊息】)為何要「在佛前」求？
　　為何是「五百年」？（空間、時間【推論】）

(五)「如何讓你遇見我／在我最美麗的時刻」與「讓我
　　們結一段塵緣」的關連？（【推論】）

解說時，逐步完成概念構圖：

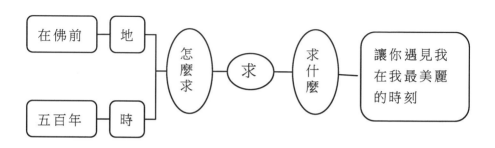

　　國中課本（翰林版）對本節的賞析：「第一節使
用誇飾的手法，將情意的源頭推至極遙遠的年代，用
『我已在佛前求了五百年。』讓愛情的專注加上了宗
教虔敬，更顯現了愛的神聖與崇高，並祈願在自己最
美的時刻，能與心儀的對象結一段塵緣。」在其教師
手冊中，對此節的內容分析則是：「開始的一節，詩
人以誇張的筆法來表現『我』對『你』的深切期待。
在佛前『求了五百年／求祂讓我們結一段塵緣』，這
是痴語，痴得動人。」兩者對於詩意的解說充滿著浪
漫的文學筆調，但仍不夠具體。教師若能藉由問題引

導，針對詩人所用文字與意象，漸次完成「概念構圖」，學生應能更瞭解此節詩文的脈絡與意涵。

三、深究鑑賞

範文的深究鑑賞主要包括「形式深究」與「內容鑑賞」，教師手冊中往往繪製的是傳統的課文結構分析表，教學時，教師可自行設計概念構圖，幫助學生清楚課文所表現的布局技巧或作者所要表達的思維脈絡。以范仲淹〈岳陽樓記〉為例（此圖參酌鄭圓鈴老師所繪結構圖）：

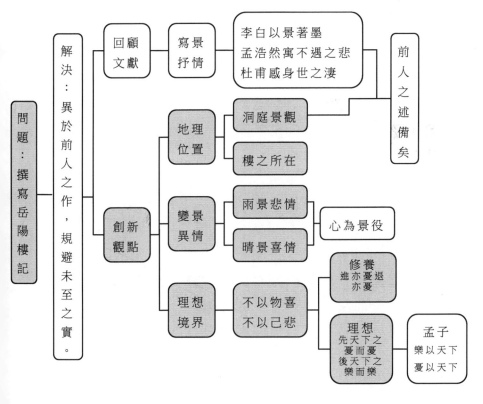

　　此概念構圖有別於傳統課文結構分析表，而以「問題意識」的概念，就范仲淹的角度，觀察其問題與解決。所謂「問題意識」是指在認識活動中，意識到一些難以解決的、疑惑的實際問題或理論問題時，產生的一種懷疑、困惑、探究的狀態。滕子京謫守巴陵郡與重修岳陽樓，請范仲淹作記，然范仲淹本人並未親至洞庭，或想另闢蹊徑，這些是他得面對、解決的問題。教學時，教師可補充前人之作，讓學生觀察范氏寫作手法有何不同。范氏採記體散文，選擇大處著墨，而不就細節鋪設，簡單勾勒洞庭形勢，交代岳陽樓特定背景；再以對照手法具寫變景異情；最後生發感慨，引出個人政治見解、理想抱負與生命態度，巧妙完成作記與明志的深刻義蘊，是為本文出奇制勝之處。經由此概念構圖組織，更能掌握范仲淹藉滕子京囑託寫記的機會，重新省視人生現象與問題，思索生命抉擇的心路歷程。

參、結　語

　　閱讀策略相關研究指出，當知識結構中一些相屬概念及彼此間的關係，以圖繪方式呈現出來，有助於學生理清學習內容的脈絡與增進記憶，也能促進學生

教材內容的學習；而對抽象思考能力較薄弱之學生，幫助更大。因此，在國文教學中，可靈活運用各式概念構圖，作為教學的輔助，教師先作示範引導，更可鼓勵學生發揮巧思，自創構圖，將知識傳授的教學方式轉變到學習主體主動建構的模式上，進而強化學生的自學能力。（原載於《中國語文》652期）

概念構圖之應用

唧唧復唧唧，木蘭當戶織。不聞機杼聲，惟聞女嘆息。
問女何所思？問女何所憶？「女亦無所思，女亦無所憶。
昨夜見軍帖，可汗大點兵。軍書十二卷，卷卷有爺名。
阿爺無大兒，木蘭無長兄。願為市鞍馬，從此替爺征。」

◎摘要本節敘述重點
◎生難字詞解析→文句解析→句義闡釋（→寫作技巧）
◎歸納本節寫作手法、用意

木蘭從軍原由
- 木蘭停機嘆息
- 親子問答──木蘭回答──闡釋原因
- 孝＋忠＋智＋勇

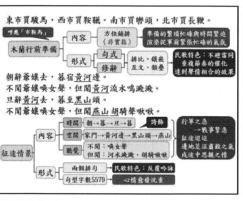

東市買駿馬，西市買鞍韉。南市買轡頭，北市買長鞭。
朝辭爺孃去，暮宿黃河邊。
不聞爺孃喚女聲，但聞黃河流水鳴濺濺。
旦辭黃河去，暮至黑山頭。
不聞爺孃喚女聲，但聞燕山胡騎聲啾啾。

木蘭行前準備
征途情景

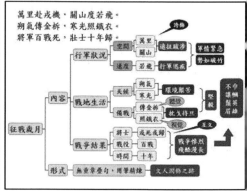

萬里赴戎機，關山度若飛。
朔氣傳金柝，寒光照鐵衣。
將軍百戰死，壯士十年歸。

征戰歲月
- 行軍狀況
- 戰地生活
- 戰事結果

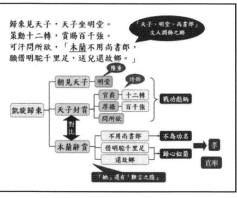

歸來見天子，天子坐明堂。
策勳十二轉，賞賜百千強。
可汗問所欲，「木蘭不用尚書郎，
願借明駝千里足，送兒還故鄉。」

凱旋歸來
- 朝見天子
- 天子封賞
- 木蘭辭賞

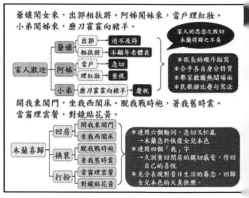

爺孃聞女來，出郭相扶將。阿姊聞妹來，當戶理紅妝。
小弟聞姊來，磨刀霍霍向豬羊。

家人歡迎
- 爺孃
- 阿姊
- 小弟

開我東閣門，坐我西閣床。脫我戰時袍，著我舊時裳。
當窗理雲鬢，對鏡貼花黃。

木蘭喜歸
- 回房
- 換裝
- 打扮

★教學示例：〈空城計〉第一段

孔明分撥已定，先引五千兵去西城縣搬運糧草。忽然十餘次飛馬報到，說司馬懿引大軍十五萬，望西城蜂擁而來。時孔明身邊並無大將，止有一班文官，所引五千軍，已分一半先運糧草去了，只剩二千五百軍在城中。眾官聽得這消息，盡皆失色。

前情提要：《三國演義》第95回
「馬謖拒諫失街亭，武侯彈琴退仲達」

★教學示例：〈空城計〉第二段

＊摘要本段敘述重點（說明孔明處理危機的方法）
＊講解內容（分小段落：詮釋字句、闡述文意）
　重點：孔明面對危機的處理方式和態度（小說人物）
　　　　「空城」的佈置（小說情節）

孔明登城望之，果然塵土沖天，魏兵分兩路望西城縣殺來。孔明傳令：眾將旌旗盡皆藏匿；諸軍各守城鋪，如有妄行出入及高聲言語者，立斬！大開四門，每一門上用二十軍士，扮作百姓，灑掃街道；如魏兵到時，不可擅動，吾自有計。孔明乃披鶴氅，戴綸巾，引二小童，攜琴一張，於城上敵樓前，憑欄而坐，焚香操琴。

卻說司馬懿前軍哨到城下，見了如此模樣，皆不敢進，急報與司馬懿。懿笑而不信，遂止住三軍，自飛馬遠遠望之。果見孔明坐於城樓之上，笑容可掬，焚香操琴。左有一童子，手捧寶劍；右有一童子，手執麈尾。城門內外，有二十餘百姓，低頭灑掃，旁若無人。

〈空城計〉第三段

懿看畢，大疑，便到中軍，教後軍作前軍，前軍作後軍，望北山路而退。次子司馬昭曰：「莫非諸葛亮無軍，故作此態？父親何故便退兵？」懿曰：「亮平生謹慎，不曾弄險。今大開城門，必有埋伏。我兵若進，中其計也。汝輩豈知？宜速退。」

〈空城計〉第四段

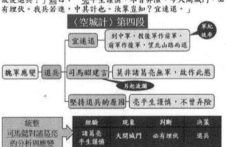

於是兩路兵盡退去。孔明見魏軍遠去，撫掌而笑。眾官無不駭然，乃問孔明曰：「司馬懿乃魏之名將，今統十五萬精兵到此，見了丞相，便退退去，何也？」孔明曰：「此人料吾平生謹慎，必不弄險；見如此模樣，疑有伏兵，所以退去。吾非行險，蓋因不得已而用之。」此人必引軍投山北小路去也。吾已令興、苞二人在彼等候。」

眾皆驚服曰：「丞相之玄機，神鬼莫測。若某等之見，必棄城而走矣。」孔明曰：「吾兵止有二千五百，若棄城而走，必不能遠遁。得不為司馬懿所擒乎？」言訖，拍手大笑曰：「吾若為司馬懿，必不便退也。」

〈空城計〉第五、六段

★教學示例：〈背影〉第六段

我說道：「爸爸，你走吧。」他往車外看了看，說：「我買幾個橘子去。你就在此地，不要走動。」我看那邊月台的柵欄外有幾個賣東西的等著顧客。走到那邊月台，須穿過鐵道，須跳下去又爬上去。父親是一個胖子，走過去自然要費事些。我本來要去的，他不肯，只好讓他去。我看見他戴著黑布小帽，穿著黑布大馬褂，深青布棉袍，蹣跚地走到鐵道邊，慢慢探身下去，尚不大難。可是他穿過鐵道，要爬上那邊月台，就不容易了。他用兩手攀著上面，兩腳再向上縮；他肥胖的身子向左微傾，顯出努力的樣子。這時我看見他的背影，我的淚很快地流下來了。我趕緊拭了淚，怕他看見，也怕別人看見。我再向外看時，他已抱了朱紅的橘子望回走了。過鐵道時，他先將橘子散放在地上，自己慢慢爬下，再抱起橘子走。到這邊時，我趕緊去攙他。他和我走到車上，將橘子一股腦兒放在我的皮大衣上。於是撲撲衣上泥土，心裡很輕鬆似的，過一會說，「我走了，到那邊來信！」我望著他走出去。他走了幾步，回過頭看見我，說，「進去吧，裡邊沒人。」等他的背影混入來來往往的人裡，再找不著了，我便進來坐下，我的眼淚又來了。

較長篇幅的段落，第一步應如何處理？

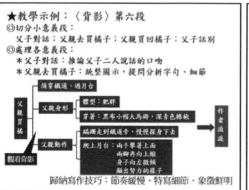

★教學示例：〈背影〉第六段
◎切分小意義段：
　父子對話；父親去買橘子；父親買回橘子；父子話別
◎處理各意義段：
　＊父子對話：推論父子二人說話的口吻
　＊父親去買橘子：統整圖示，提問分析字句、細節

父
親
買
橘　────　穿鐵道，過月台
　　　　　父親身形　────　體型：肥胖
　　　　　　　　　　　　　　背著：黑布小帽大馬褂，深青色棉袍
　　　　　　　　　　　蹣跚走到鐵道旁，慢慢探身下去
觀看背影　　父親動作　────　爬上月台：兩手攀著上面
　　　　　　　　　　　　　　　兩腳再向上縮
　　　　　　　　　　　　　　　身子向左微傾
　　　　　　　　　　　　　　　顯出努力的樣子
　　　　　　　　　　　　　　　　　　→　作者淚流

歸納寫作技巧：節奏緩慢、特寫細節、象徵鮮明

★教學示例：亂石崩雲，驚濤裂岸，捲起千堆雪
　文意：山頭散亂的崖石，好像要將天上的雲彩衝破一般，驚人的浪濤沖擊著江岸，像是激起無數堆的白雪般。
　描寫重點：赤壁景象（古今）
　教學要項：用字遣詞，寫景技巧，情境營造

＊概念圖示→提問詮釋→統整分析

敬詠赤壁　山形　────　亂石崩雲　────　險峻
　　　　　　　　　　　　　　　　　　高聳　────　視覺─仰視
　　　　　水勢　────　驚濤裂岸　────　力道　────　聽覺
　　　　　　　　　　　捲起千堆雪　────　盛大　────　視覺─平視衛瞰
　　　　　　　　　　　　　　　　　　　　　　　　　→　形　聲　色

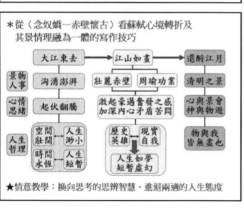

＊從〈念奴嬌─赤壁懷古〉看蘇軾心境轉折及
　其景情理融為一體的寫作技巧

景物人事　────　大江東去　────　江山如畫　────　還酹江月
　　　　　　　　　洶湧澎湃　　　壯麗赤壁　周瑜功業　　清明之景
心情思緒　────　起伏翻騰　　　激起豪邁奮發之感　　心與景會
　　　　　　　　　　　　　　　加深內心矛盾苦悶　　神與物遊
人生哲理　────　空間壯闊　人生渺小　　歷史英雄　現實自我　　物與我皆無盡也
　　　　　　　　　時間永恆　人生短暫
　　　　　　　　　　　　　　　人生如夢
　　　　　　　　　　　　　　　短暫虛幻

★情意教學：換向思考的思辨智慧、進退兩適的人生態度